Ki PE DiR?

AF282245

Sprachführer
MAURITIUS-KREOL

Magnus Fischer
Sarah Lehwald
Oswaldo Michel

Über die Autoren

Bei diesem Sprachführer verderben die vielen Köche den Brei nicht. Ganz im Gegenteil — sie stellen die bestmögliche Mischung für ein solches Projekt dar:

Sarah LEHWALD studierte Germanistik und Romanische Philologie Französisch und machte französisch-basierte Kreolsprachen zum Thema ihrer Abschlussarbeit. Nach einem Studium der Kreolistik an der *University of Mauritius* (UOM) ist sie inzwischen Lehrbeauftragte für französische Linguistik an der Ruhr-Universität Bochum (RUB).

Magnus FISCHER studierte Romanische Philologie Französisch und Spanisch. Er beschäftigt sich seit einigen Jahren mit dem Mauritius-Kreol, studierte während des Masters Kreolistik an der *University of Mauritius* (UOM) und bietet an der Ruhr-Universität Bochum (RUB) Lehrveranstaltungen zum Thema „Kreyolofoni" an.

Oswaldo MICHEL spricht als Mauritier seit seiner Kindheit Kreol. An der *University of Mauritius* (UOM) studierte er Französisch und Kreolistik. Er ist Lehrer für Kreol und Französisch und erlernte seinerseits die deutsche Sprache.

Alle drei Autoren bringen in dieser Arbeit ihre muttersprachlichen und akademischen Kompetenzen, sowie die eigenen Erfahrungen beim Fremdsprachenerwerb ein.

Wir bedanken uns bei Professor (Dr.) Arnaud Carpooran, der uns ermutigte, diesen Sprachführer zu schreiben. Ohne die kodifizierenden Werke, die er mit seinem Team erarbeitet hat - den *Diksioner Morisien* (Wörterbuch), die *Lortograf Morisien* (Orthographie) und die *Gramer Morisien* (Grammatik) - wäre dieses Projekt nicht möglich gewesen.

Ein ganz besonderer Dank gilt Oorvashi Beeharry, die in wunderschönen bunten Bildern die Lebensfreude ihrer Heimat Mauritius festgehalten und unserem Buch einige typische Szenen beigesteuert hat.

Mersi boukou!

Nou ti'a kontan remersie Profeser (Dr.) Arnaud Carpooran parski limem ki finn donn nou sa lide-la pou ki nou ekrir nou gid. Li ek so lekip finn kre enn kodifikasion Kreol Morisien (Diksioner, Lortograf, Gramer). San sa gro travay ki zot finn fer-la nou pa ti pou kapav realiz sa proze-la.

Enn gran mersi spesial pou Oorvashi Beeharry. Li'nn resi transmet dan so bann mari zoli desin lazwa viv ki ena dan so patri Lil Moris. So travay formidab, li finn resi met an avan bann senn tipik dan Moris. So partisipasion inn bien anbeli nou gid.

Bibliografische Information der Deutschen Nationalbibliothek:
Die Deutsche Nationalbibliothek verzeichnet diese Publikation in der
Deutschen Nationalbibliografie; detaillierte bibliografische Daten sind im Internet über
http://dnb.dnb.de abrufbar.

© 2016 Magnus Fischer, Sarah Lehwald, Oswaldo Michel
Illustrationen: Oorvashi Beeharry

Herstellung und Verlag:
BoD—Books on Demand, Norderstedt

ISBN: 978-3-8423-1907-3

KI PE DIR?

Einführung　　7

TI PA TI PA!

Grammatik　　19

ANOU KOZE!

Unterhaltungen　67

Ki pe dir?

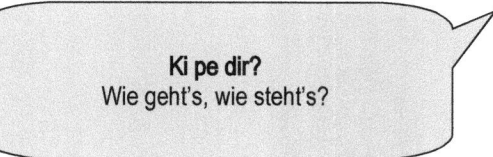

Ki pe dir?
Wie geht's, wie steht's?

„Ki pe dir?" heißt wörtlich übersetzt „Was sagst du?" oder „Was sagen Sie?". Mauritier verwenden diese Frage allerdings nicht, weil sie ungläubig nach einer Erklärung verlangten, sondern um sich nach dem Befinden und den Neuigkeiten ihres Gesprächspartners zu erkundigen. Und es kommt nicht von ungefähr, dass sie das Wort **dir** („sagen") dafür verwenden, denn eine Geste ist als Antwort auf diese Frage sicherlich nicht ausreichend. Sobald Mauritier etwas auf Kreol gefragt werden, gibt es kein Halten mehr. Die einfache, kurze Frage leitet nicht selten eine ausufernde Unterhaltung über Gott und die Welt ein. Wobei man geneigt ist „Gott" durch „Fußball" und „die Welt" durch „Mauritius" zu ersetzen. Denn dies sind zwei der absoluten Lieblingsthemen der Mauritier.

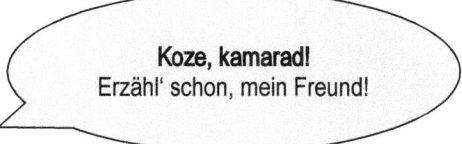

Koze, kamarad!
Erzähl' schon, mein Freund!

Jahr für Jahr fliegen mehr deutschsprachige Touristen nach Mauritius. Der kleine Inselstaat im Indischen Ozean wird vor allem aufgrund seiner weißen Strände und türkisblauen Lagunen oft als Paradies bezeichnet. Ein Paradies ist Mauritius aber auch, weil sich hier nach jahrhundertelanger Sklaverei eine bunt gemischte Bevölkerung etabliert hat, die so freundlich und einladend ist, wie die Landschaft selbst. Einen Aufenthalt auf Mauritius können Sie vor allem durch den Kontakt mit Mauritier bereichern. Und auch wenn diese fast alle Englisch und Französisch sprechen können, so ist doch das Mauritius-Kreol oft der Schlüssel zu einer geselligen Unterhaltung.

Unser Sprachführer *Ki pe dir?* soll Ihnen dabei helfen, Ihr ganz besonderes Mauritius-Abenteuer zu erleben. Sie werden sehen, wie sehr sich die Mauritier darüber freuen, wenn jemand aus der großen weiten Welt, dem sie es nicht zutrauen, ihre doch eigentlich so „unbedeutende" Sprache spricht...

Enn madam indou pe vann mang dan bazar

Eine Hindu-Dame verkauft Mangos auf dem Markt

Wie funktioniert dieser Sprachführer?

Unser Sprachführer soll dabei helfen, Deutschsprechern, wie Ihnen, das Mauritius-Kreol näher zu bringen, damit Sie während Ihres Aufenthaltes in den Tropen auch das sonnige Gemüt der Mauritier entdecken und die spannende Erfahrung machen können, ihnen auf deren Sprache näher zu kommen. Dafür haben wir vier Teile vorbereitet.

In der Einleitung **Ki pe dir?** führen wir Sie an die Funktionsweise dieses Sprachführers, das Land Mauritius, seine Geschichte und die sprachliche Situation im Inselstaat heran. Außerdem bekommen Sie hier die wichtigsten Informationen zum Mauritius-Kreol.

Im zweiten Teil **Ti pa ti pa!** lernen Sie das Kreol in 23 Schritten kennen. Wir hätten diesen Teil auch Grammatik nennen können, aber das klingt doch zu sehr nach Schule, oder? Und wenn es nach uns geht, sollen Sie bei der Lektüre ruhig in Urlaubsstimmung geraten! Deswegen bekommen Sie die Grammatik mundgerecht serviert, in kleinen Häppchen, die Ihnen helfen werden, sich bald auf Kreol verständigen zu können. Am Ende jeder Etappe haben Sie die Möglichkeit, Ihre Fortschritte anhand von Fragen und Übersetzungen zu überprüfen. Außerdem finden Sie eine Aufstellung des neu gelernten Vokabulars.

Der dritte Teil **Anou koze!** bietet 40 Unterhaltungen zu über 30 Themenbereichen direkt aus dem täglichen Leben auf Mauritius, mit denen Sie den Wortschatz und die Ausdrucksweisen für verschiedene Situationen kennenlernen können. So werden Sie sich nach und nach überall zurechtfinden können.

Falls Sie mal ein kreolisches Wort hören oder lesen, das Sie nicht verstehen, finden Sie im vierten Teil, dem **Vokabiler**, in alphabetischer Reihenfolge über 1700 kreolische Wörter mit ihrer deutschen Entsprechung. Sobald Sie das grammatische Grundgerüst verinnerlicht haben, können Sie in diesem Kapitel auch über 1700 deutsche Wörter und ihre kreolische Entsprechung finden, um immer neue Sätze zu bilden.

Einen Sprachkurs kann dieser Sprachführer natürlich nicht ersetzen. Und doch wird er Ihnen helfen, Ihre Unterhaltungen mit Mauritiern zu einem ganz neuen Erlebnis zu machen.

Übrigens, dieser Sprachführer kann Ihnen auch auf der zu Mauritius gehörenden Insel Rodrigues und auf den Seychellen weiterhelfen, da sich das *Kreol Rodrige* (Rodrigues-Kreol) und das *Seselwa* (Seychellenkreol) einen gemeinsamen Ursprung mit dem *Kreol Morisien* (Mauritius-Kreol) teilen und dementsprechend viele Ähnlichkeiten aufweisen.

Tipp:

Legen Sie Ihre Zurückhaltung ab und reden Sie einfach drauf los!
Niemand wird Ihnen Ihre anfänglichen Fehler übel nehmen.

Im Gegenteil: Mauritier reagieren mit Sicherheit überrascht und
erfreut auf Ihr Kreol!

Ekout-Ekoute! Das Online-Audioangebot

Zusätzlich zu diesem Sprachführer stellt *Ki pe dir?* das Online-Audioangebot **Ekout-ekoute!** kostenfrei zur Verfügung. Über den Link www.kipedir.com können Sie die Ausspracheregeln (S.15) und die 39 Beispielkonversationen (S.67 - 174) dieses Sprachführers als Audiodateien abrufen. Mit Ihrem Tablet oder Smartphone können Sie einfach den QR-Code auf dieser Seite scannen, um automatisch auf die Website zu gelangen. Das Kennwort lautet „kreol".

Lesen ist nicht gleich hören. Und laut lesen ist nicht gleich nachsprechen. Dank unseres Audioangebotes können Sie besser nachvollziehen, wie das Mauritius-Kreol ausgesprochen wird, welche Satzmelodie und welchen Rhythmus die Sprache hat. Sie können Ihr Hörverstehen trainieren und Ihre Aussprache anpassen.

Wir bedanken uns ganz herzlich bei Giovinella Michel, Hanshika Soraya, Damian Razaze und Fabien Razaze, die unseren Konversationen mit Ihren Stimmen Leben eingehaucht haben.

Ar nou leker, nou anvi remersie Giovinella Michel, Hanshika Soraya, Damian Razaze ek Fabien Razaze. Zot finn met lavi dan nou bann konversasion avek zot lavwa.

http://www.kipedir.com

Ihr Kennwort: kreol
Ou password: kreol

De madam pe lav bann ourit

Zwei Frauen nehmen Tintenfische aus

Die Republik Mauritius in Zahlen und Fakten

Bevölkerung	1.300.000 Einwohner 53 % indischer Abstammung 43 % gemischter Abstammung („Kreolen") 2,3 % europäischer Abstammung 1,6 % chinesischer Abstammung
Hauptstadt	Port Louis (150.000 Einwohner)
Weitere Städte	Beau Bassin-Rose Hill, Vacoas-Phoenix, Curepipe, Quatre Bornes
Fläche	2.040 km² (Gesamtfläche inklusive Rodrigues, Agaléga, Cargados Carajos und dem Saint-Brandon-Archipel) 1.865 km² (nur die Insel Mauritius)
Höchste Erhebung	Piton de la Petite Rivière Noire, 828 Meter
Amtssprache	*de jure*: keine *de facto*: Französisch und Englisch (im Parlament)
Sprachen in Alltag und Medien	Mauritius-Kreol, Französisch, Bhojpuri, Englisch
Andere verwendete Sprachen	Hindi, Urdu, Tamil, Telugu, Marathi, Mandarin, Hakka, Kantonesisch, Arabisch
Religionen	Hinduismus (52%), Christentum (30%), Islam (17%), Buddhismus (0,2%)
Regierungsform	Republik, Parlamentarische Demokratie
Nationalfeiertag	12. März (Unabhängigkeit von Großbritannien seit 1968, Ausrufung der Republik 1992)
Währung	Mauritius-Rupie (1 € ~ 40 Rs)

(Quelle: Auswärtiges Amt, Stand: Juli 2015)

Die Republik Mauritius liegt im Südwesten des Indischen Ozeans, östlich von Madagaskar und dem zu Frankreich gehöhrenden Überseedepartement La Réunion. Sie besteht aus der Hauptinsel Mauritius, der kleineren Insel Rodrigues und weiteren, teilweise unbewohnten Archipelen. Der Inselstaat lebt hauptsächlich vom Tourismus, der Landwirtschaft und der Textilindustrie. Seit Beginn der Besiedlung werden auf der Insel intensiv Zuckerrohr und Tee angebaut. Der Großteil der Hauptinsel ist von einem schützenden Korallenriff umgeben. Neben Lagunen und Sandstränden gibt es allerdings auch felsige Küstenabschnitte. Bis zu 800 Meter hohe Berge vulkanischen Ursprungs und Wälder prägen das Landesinnere. Dort liegt auch der Black River Nationalpark.

Die Geschichte der Insel Mauritius

Die Araber entdeckten im 12. Jahrhundert eine unbewohnte Insel im Indischen Ozean und gaben ihr den Namen *Dina Arobi*. Im 16. Jahrhundert fiel sie zwar auch portugiesischen Seefahrern auf, doch erst die Holländer ließen sich dort im 17. Jahrhundert (1638 - 1710) nieder. Sie nannten die Insel *Mauritius*, zu Ehren des niederländischen Statthalters Moritz von Oranien und kultivierten das Land. Durch unachtsam eingeführte Fressfeinde und zum Zeitvertreib rotteten sie den Dodo, eine endemische, also nirgendwo sonst auf der Welt existierende Vogelart aus. Nach einigen Jahrzehnten gaben die Holländer ihre Siedlungen dann wieder auf. Schuld daran waren wohl die ungewohnten klimatischen Bedingungen. Niederländische Spuren findet man heute noch in einigen Ortsnamen, wie Surinam, Flic en Flac, dem Berg Pieter Both und Mauritius selbst.

Enn dodo ar so lake franzipann

Ein Dodo mit Frangipani-
Schwanzfedern

Zwischen 1715 und 1810 wurde Mauritius also eine französische Kolonie mit dem Namen *Isle de France*. In dieser Zeit begann die dunkle Phase in der mauritischen Geschichte, denn der Sklavenhandel blühte und die vielen importierten Sklaven aus Madagaskar und Ostafrika mussten auf den Plantagen ihrer weißen Herren arbeiten. Fernab ihrer Heimat, ohne gemeinsame Sprache und lediglich mit den regionalsprachlichen französischen Dialekten ihrer Herren konfrontiert, entwickelten die Sklaven mit der Zeit eine Sprache, die nach und nach die Muttersprache ihrer Kinder wurde: Das Mauritius-Kreol.

Die Franzosen verloren die Insel 1810 an Großbritannien, verließen sie allerdings mehrheitlich nicht. Ein Großteil von ihnen lebte unter britischer Herrschaft weiter auf Mauritius und investierte weiter in die Infrastruktur, sowie in die Zuckerindustrie, die für lange Zeit die Hauptindustrie des Landes darstellen sollte.

Die Briten hatten ihrerseits lediglich Interesse am Militärstützpunkt Mauritius und gestatteten den Einwohnern, ihre katholische Religion, ihre Gesetze und ihre Bräuche beizubehalten. Während Administration und Schulsystem also auf Englisch umgestellt wurden, blieben die Sprachen im Alltag über 150 Jahre lang weiter Französisch in der Ober- und Kreol in der Unterschicht.

Nach der Abschaffung der Sklaverei 1835 klagten die Plantagenbesitzer über mangelnde Arbeitskräfte. Um Abhilfe zu schaffen, begannen die Briten aus ihrer Kronkolonie Indien tausende Vertragsarbeiter, sogenannte *coolies*, nach Mauritius zu holen. Diese übernahmen für einen Hungerlohn die Arbeiten der ehemaligen Sklaven und verdienten nie genug, um wieder in ihre Heimat zurückkehren zu können. Gleichzeitig ließen sich auch chinesische Händler auf Mauritius nieder. Neben ihren jeweiligen Muttersprachen erlernten sie alle das Mauritius-Kreol, das ihre Nachfahren noch heute sprechen.

1968 wurde Mauritius durch den Einsatz von Sir Seewoosagur Ramgoolam ein unabhängiger Staat, der allerdings international über das *Commonwealth* mit Großbritannien und über die *Francophonie* mit Frankreich verbunden bleibt. 24 Jahre später, 1992, wurde die Republik ausgerufen.

Schmelzofen der Kulturen und Sprachen

Mauritius zeichnet sich vor allem durch seine riesige Vielfalt an verschiedenen Kulturen, Religionen und Sprachen aus. Dabei wird das Mauritius-Kreol als einzige Sprache von fast allen 1,3 Millionen Einwohnern gesprochen.

Französisch und Englisch sind ebenfalls allgegenwärtig und profitieren bis heute von ihrer Universalität und ihrem Prestige gegenüber dem Kreol. Dabei fällt es vielen Mauritiern aufgrund der komplizierten Rechtschreibung schwer, Französisch zu schreiben, sodass sie im schriftlichen Bereich das Englische vorziehen. Paradoxerweise sprechen sie in Alltagskonversationen lieber Französisch als Englisch. Richtig wohl fühlen sich viele Mauritier allerdings nur dann, wenn sie ihr Kreol sprechen. Dann tauen plötzlich auch die Schüchternsten auf und erzählen wie einer der vielen Wasserfälle der Insel.

Neben den drei Verkehrssprachen gibt es auf Mauritius noch weitere Sprachen, die vor allem für die Kommunikation in der Familie und in der Glaubens- oder Kulturgemeinschaft genutzt werden: die indischen Sprachen (unter anderem Hindi, Urdu, Marathi, Tamil, Telugu und Bhojpuri), drei chinesische Sprachen (Mandarin, Hakka und Kantonesisch) und Arabisch.

Diese Vielfalt macht viele Mauritier stolz, auch wenn es zwischen den verschiedenen Kulturgemeinschaften, den *kominote*, hin und wieder Probleme, Neid und Unverständnis gibt. Letztlich sind allerdings Toleranz und Akzeptanz, wahrscheinlich dank der bewegten Vergangenheit des Landes, eine große Stärke der Einwohner dieser Insel.

> **Nou tou Morisien – nou tou mem bann!**
> Wir sind alle Mauritier – Wir sind alle gleich!

Das Mauritius-Kreol erfuhr, als Sprache der Unterschicht, über eine lange Zeit hinweg keine große Wertschätzung. Trotz seiner Verwendung im Alltag wurde es von den Sprechern selbst abwertend als *patwa*, als Mundart, bezeichnet.

Erst nach der Unabhängigkeit des Landes 1968 wurden politische Forderungen laut, das Kreol offiziell als Sprache anzuerkennen, da es die Brücke zwischen den verschiedenen Kulturen der Insel, zwischen Muslimen, Hindus, Tamilen, Chinesen und Kreolen, bildet. Bis zum Erlangen dieses Status war es jedoch ein langer Weg: Erst im neuen Jahrtausend wurde das Anliegen forciert und teilweise umgesetzt.

Mauritius-Kreol: Was Sie wissen sollten!

Das Mauritius-Kreol entstand im Zuge der Sklaverei vor etwa 300 Jahren. Obwohl sich Sprachwissenschaftler seit dem 19. Jahrhundert mit seiner Entstehung beschäftigen, ist bis heute nur ein Elternteil bekannt: Das Französische, welches fast den gesamten Wortschatz beigesteuert hat.
Über den zweiten Elternteil, den Ursprung der grammatischen Strukturen, wird weiter spekuliert. Die Theorien reichen vom Einfluss afrikanischer Sprachen bis zur Idee einer im Menschen genetisch angelegten Universalgrammatik.
Weitere Einflüsse auf das Vokabular des *Kreol Morisien* kommen unter anderem aus dem Madegassischen (z.B. *malang,* schmutzig), dem Englischen (z.B. *warning,* warnen), dem Hindi oder dem Bhojpuri (z.B. *nisa,* Stimmung).

Eigentlich war Kreol immer nur eine gesprochene Sprache, doch die neuen Medien sorgten dafür, dass sich das Bedürfnis entwickelte, Kreol zu schreiben.

Das Bildungsministerium ebnete 2010 den Weg für eine Sprachakademie, die mit der Reglementierung und Kodifizierung des Kreols beauftragt wurde. Im April 2011 veröffentlichte diese *Akademi Kreol Morisien* (AKM) eine offiziell anerkannte, allgemeingültige Orthographie. Ihr folgten im Juni ein offizielles einsprachiges Wörterbuch (*Diksioner*) und im Dezember desselben Jahres eine deskriptive Grammatik. Auf dieser Grundlage findet das Mauritius-Kreol nun seit 2014 den Weg in die Grundschulen und zur Ausbildung neuer Lehrer in die staatliche Universität.

Ein Blick ins Netz, auf Werbeschilder oder in die Zeitungen zeigt jedoch schnell, dass bislang noch jeder schreibt, wie er möchte. Erst die nächste Generation wird mit der offiziellen Rechtschreibung, die wir auch in diesem Sprachführer verwenden, aufwachsen und die Sprache vereinheitlichen. Diese Orthographie ist größtenteils phonographisch, das heißt: jedem Laut (Phonem) ist im Normalfall ein Buchstabe (Graphem) zugeordnet. Anders als beispielsweise beim Französischen wird folglich jeder geschriebene Buchstabe auch tatsächlich ausgesprochen.

Man schreibt also, wie man spricht! - Wobei Ausnahmen die Regel bestätigen...

Über Jahrzehnte hinweg versuchten Linguisten und Schriftsteller einen Konsens zu finden, bei dem letztlich jeder zufrieden gestellt werden sollte. Dieser Umstand führt dazu, dass wir nicht umherkommen Ihnen gewisse Ausspracheregeln ans Herz zu legen.

Die Ausspracheregeln

Im Deutschen liegt die Betonung im Regelfall auf der Stammsilbe, das heißt im Normalfall, auf der ersten Silbe eines Wortes:
In diesem Satz zeigen Unterstreichungen die Betonung an.
Im Mauritius-Kreol liegt die Betonung hingegen fast ausnahmslos auf der letzten Silbe. Versuchen Sie es einmal:
Ala kouma pronons bann son an Kreol Morisien.

Die Schwierigkeit bei der Aussprache für den deutschen Sprecher liegt vor allem in der Nasalierung, die das Kreol aus dem Französischen geerbt hat und die bei manchen Vokalen wichtig ist. Die Nasalvokale sind durch ein einfaches **–n** gekennzeichnet: <in> ([ɛ̃]), <an> ([ɑ̃]) und <on> ([ɔ̃]). Wird die Nasalierung aufgehoben, schreibt man ein zweites **-n**: <inn>, <ann>, <onn>.

kan	[kɑ̃]	(dt. „wann")	wie in „Restaurant"
kann	[kan]	(dt. „Zuckerrohr")	wie in „kann"
fin	[fɛ̃]	(dt. „Hunger")	wie in „Coq-au-vin"
finn	[fin]	(*Vergangenheit*)	wie in „Finne"
don	[dɔ̃]	(dt. „Gabe")	wie in „Luftballon"
donn	[don]	(dt. „gib!")	wie in „Sonne"

Eine zweite Schwierigkeit bereitet der Buchstabe <z>, der wie ein sehr weiches <s> im Deutschen ausgesprochen wird. Vorangehende Vokale werden lang gezogen. Das kreolische <s>, wird hingegen schärfer ausgesprochen:

laz	[laːz]	(dt. „Alter")	wie in „Gas"
las	[las]	(dt. „locker")	wie in „lass"

Das <ch> wird im Mauritius-Kreol wie das deutsche <tsch> ausgesprochen. Das deutsche <sch> existiert nur in Lehnwörtern aus dem Englischen oder in indischen Namen und wird dann <sh> geschrieben:

chombo	[tʃombo]	(dt. „Stop")	wie in „Matsch"
shoping	[ʃopiŋ]	(dt. „Einkaufen")	wie in „schon"

Entscheidende Unterschiede zum Deutschen gibt es bei der Realisierung von <v> und <w>. Das kreolische <v> wird immer wie ein deutsches <w> gesprochen. Das kreolische <w> hingegen tendiert wie das englische <w> in Richtung eines gehauchten <u>:

lafwa	[lafwa]	(dt. „Glaube")	wie in engl. „warning"
lavwa	[lavwa]	(dt. „Stimme")	wie in „Welt"

Im Mauritius-Kreol wird das deutsche <u> mit <ou> realisiert:

tou   [tu]   (dt. „alle(s)")   wie in „Tu̱'!"

Das deutsche <j> wird mit <y> dargestellt. Kreolische Wörter mit <j> werden, wie deutsche Lehnwörter aus dem Englischen, mit einem angehauchten /d͡ʒ/ ("dsch") gesprochen:

job   [d͡ʒob]   (dt. „Job")   wie in „Job"
yer   [jeːʳ]   (dt. „gestern")   wie in „jetzt"

Eine weitere Schwierigkeit betrifft <gn> und <ng>. Das <ng> entspricht zwar dem deutschen <ng>, beim <gn> hingegen werden ein /j/ und ein /n/ gleichzeitig realisiert, etwa wie bei der schnellen Aussprache des Namens „Anja".

konpagne   [kɔ̃paɲe]   (dt. „begleiten")   wie in „Anja" [*schnell*]
mang   [maŋ]   (dt. „Mango")   wie in „Hang"

Vergessen Sie die deutschen Ausspracheregeln von <ie>! Es wird nicht wie ein langes /iː/, sondern wie ein /je/ gesprochen. Bei anderen Vokalfolgen wie etwa <ae>, werden beide Vokale nacheinander getrennt ausgesprochen.

labier   [labjeːʳ]   (dt. „Bier")   wie in „jemals"
laenn   [laɛn]   (dt. „Hass")   wie in „na endlich"

Nachdem Sie nun die Ausspracheregeln gelesen haben, versuchen Sie es doch nochmal mit dem gleichen Satz vom Beginn dieses Kapitels:

Ala kouma pronons bann son an Kreol Morisien.
[alaˈkumaˈpronɔ̃sˈbanˈsɔ̃ˈãˈkreolˈmorisjẽ]

Das klingt doch schon besser, oder?

Zilo Mouswar Rouz anfas Mahébourg

Die kleine Insel namens „Rotes Taschentuch" gegenüber von Mahébourg

Die Marker des Mauritius-Kreols

Der wesentliche Unterschied zwischen dem Deutschen und dem Mauritius-Kreol liegt im Umgang mit grammatischen Informationen. Im Deutschen sind diese gemeinsam mit der Bedeutung in einem Wort gespeichert. Linguisten sprechen von einer flektierenden Sprache (mit Deklination und Konjugation).

Das Mauritius-Kreol hingegen ist eine analytische Sprache und lagert alle grammatischen Informationen separiert in einzelnen Wörtern (Marker), die nur diese grammatische Bedeutung haben. Dies erleichtert das Erlernen der Sprache ungemein, denn Sie können die grammatischen Wörter mit den „bedeutungstragenden" lexikalischen Wörtern baukastenartig zusammensetzen.

Die folgende Tabelle zeigt eine Übersicht aller Marker, deren Gebrauch Ihnen in den folgenden Kapiteln erklärt wird:

enn	*unbestimmter Artikel, Singular*
bann	*unbestimmter Artikel, Plural*
-la	*bestimmter Artikel, Singular*
bann... -la	*bestimmter Artikel, Plural*
sa... -la	*Demonstrativpronomen, Singular*
sa bann... -la	*Demonstrativpronomen, Plural*
napa; pa	*Verneinung*

ape; pe	*nicht abgeschlossene Handlung*
finn; inn; 'nn	*abgeschlossene Handlung*
ti	*Vergangenheit*
pou	*Zukunft*
ava; a	*irreale Handlung in der Zukunft (Konditional I)*
ti pe	*andauernde Handlung in der Vergangenheit*
ti ava; ti'a; ti pou	*irreale Handlung in der Gegenwart (Konditional II)*
ti pou finn; ti pou'nn	*irreale Handlung in der Vergangenheit (Konditional II)*
ti finn; ti'nn; ti'nn fini; ti fini	*Vorvergangenheit (Plusquamperfekt)*
pou finn fini; pou'nn fini; pou fini	*vollendete Zukunft (Futur II)*
fek	*unmittelbare Vergangenheit*
pre pou	*unmittelbare Zukunft*

Kaskad Chamarel

Der Chamarel-Wasserfall

TI PA TI PA!

---

1. | **Bonzour!** | **Mo** | **apel** | **Klaus.** |
   |---|---|---|---|
   | *Guten Tag* | *ich* | *heißen* | *Klaus* |

   Guten Tag! Ich heiße Klaus.

2. | **Mo** | **sorti** | **Lalmagn.** |
   |---|---|---|
   | *ich* | *herauskommen* | *Deutschland* |

   Ich komme aus Deutschland.

3. | **Mo** | **enn** | **Alman.** |
   |---|---|---|
   | *ich* | *ein* | *Deutsche(r)* |

   Ich bin Deutsche(r).

Geschafft! Sie haben zum ersten Mal Mauritius-Kreol gesprochen!
Und Sie sehen bereits, wo die ersten grundlegenden Unterschiede zum Deutschen liegen:

a. Es gibt keine Konjugation. Verben existieren nur in ihrer normalen Form **apele** (heißen) und ihrer kurzen Form **apel,** die verwendet wird, wenn nach dem Verb ein Objekt oder ein zweites Verb steht. Es gibt allerdings Verben, die keine kurze Form haben. Zumeist sind dies Verben auf **–i**: **Mo sorti** (Ich komme heraus), **Mo sorti Lalmagn** (Ich komme aus Deutschland).

b. Es gibt nur sehr wenige Präpositionen. Um auszudrücken woher Sie kommen und wohin Sie gehen, genügt es, das Verb gefolgt vom jeweiligen Ort zu nennen: **sorti Lalmagn** (aus Deutschland kommen), **al Moris** (nach Mauritius gehen).

c. Das Verb „sein", das im Deutschen als Hilfs- und Vollverb unumgänglich ist, existiert nicht. Sie müssen sich daran gewöhnen, einfach eine Lücke zu lassen: „Ich bin (ein/e) Deutsche/r" wird also zu **Mo enn Alman** (wörtl. *Ich ein Deutscher*) und „Ich bin krank" wird zu **Mo malad** (wörtl. *Ich krank*).

Training – Sich vorstellen

1. Sagen Sie „Hallo!"
2. Sagen Sie wie Sie heißen!
3. Sagen Sie woher Sie kommen (Stadt, Land)!
4. Nennen Sie ihre Nationalität!

5. Wann wird im Mauritius-Kreol eine kurze Verbform (wie **apel**) verwendet?
6. Wie lautet die kreolische Entsprechung für das Verb „sein" (ich bin, du bist...)?

Lösungen – Sich vorstellen

> Österreich: **Lotris**
> Österreicher(in): **Otrisien**
>
> Schweiz: **Laswis**
> Schweizer(in): **Swis**

1. Bonzour!
2. Mo apel...
3. Mo sorti...
4. Mo enn...
5. Kurze Verbformen werden nur verwendet, wenn dem Verb ein Objekt folgt: **Mo** (Subjekt) **al** (Verb) **Moris** (Objekt). - Ich gehe nach Mauritius. Ansonsten wird die lange Form verwendet: **Mo** (Subjekt) **ale** (Verb). - Ich gehe.
6. Es gibt keine Entsprechung für das Verb „sein". Es fällt im Mauritius-Kreol weg. **Mo malad.** - Ich bin krank.

Vokabular der ersten Etappe

ti pa ti pa	Schritt für Schritt (*wörtlich:* kleiner Schritt, kleiner Schritt)
dir	sagen
bonzour	Guten Tag, Hallo
mo	ich
apel, apele	heißen
sorti	kommen (aus); herauskommen
Lalmagn	Deutschland
enn	ein, eine *(Marker für Indefinit)*
alman	deutsch
Alman	Deutsch; Deutsche(r)
al, ale	gehen
Moris	Mauritius
-	sein
malad	krank
Lotris	Österreich
otrisien; Otrisien	österreichisch; Österreicher(in)
Laswis	Schweiz
swis; Swis	schweizerisch; Schweizer(in)

1. | **To** | **lir** | **enn** | **gid** | **Kreol.** |
   |---|---|---|---|---|
   | *du* | *lesen* | *ein* | *Sprachführer* | *Kreol* |

   Du liest einen Kreol-Sprachführer.

2. | **Li** | **manz** | | **enn** | **banann.** |
   |---|---|---|---|---|
   | *er/sie/es* | *essen* | | *ein* | *Banane* |

   Er/ Sie/ Es isst eine Banane.

3. | **Nou** | **bwar** | **labier.** |
   |---|---|---|
   | *wir* | *trinken* | *Bier* |

   Wir trinken Bier.

4. | **Ou** | **kontan** | **manz** | **koko.** |
   |---|---|---|---|
   | *Sie* | *lieben* | *essen* | *Kokosnuss* |

   Sie essen gerne Kokosnuss.

5. | **Zot** | **kapav** | **koz** | **Kreol.** |
   |---|---|---|---|
   | *ihr/sie* | *können* | *sprechen* | *Kreol* |

   Sie können/ Ihr könnt Kreol sprechen.

Aussagesätze haben im Kreol <u>immer</u> die Reihenfolge: **Subjekt – Verb – Objekt**.
Ein zweites Verb, wie bei deutschen Infinitivkonstruktionen, steht direkt hinter dem ersten Verb: **Mo kontan manze.** - Ich liebe es zu essen.

Die Personalpronomina finden Sie in dieser Tabelle:

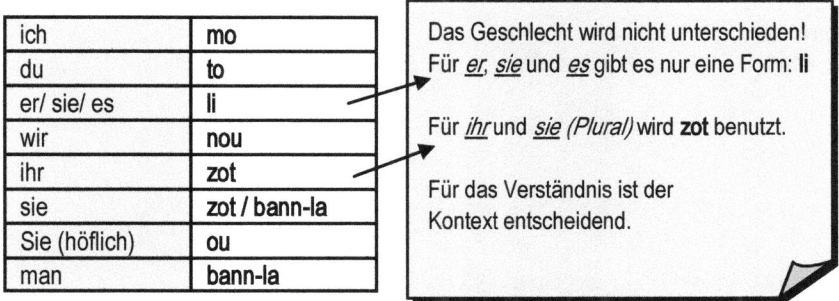

ich	mo
du	to
er/ sie/ es	**li**
wir	nou
ihr	zot
sie	zot / bann-la
Sie (höflich)	ou
man	bann-la

Das Geschlecht wird nicht unterschieden!
Für *er*, *sie* und *es* gibt es nur eine Form: **li**

Für *ihr* und *sie* (Plural) wird **zot** benutzt.

Für das Verständnis ist der Kontext entscheidend.

Training – Aussagesätze

1. Welches Pronomen verwenden Sie, um jemanden zu siezen?
2. Nennen Sie etwas das Sie essen oder trinken!

Übersetzen Sie:
3. Ich liebe Mauritius.
4. Du kannst Kreol sprechen.

Lösungen – Aussagesätze

1. ou
2. Mo manz... / Mo bwar....
3. Mo kontan Moris.
4. To kapav koz Kreol.

Vokabular der zweiten Etappe

anou	Lasst uns...
met enn dialog	eine Unterhaltung führen
lir	lesen
gid	(Sprach)führer
kreol	kreolisch
Kreol	Kreole, Kreolin, Kreol
manz, manze	essen
banann	Banane
bwar	trinken
labier	Bier
kontan	lieben, gernhaben, mögen
koko	Kokosnuss
kapav	können
koz, koze	sprechen, reden

1. **Ki   manier?**
   was   Zustand

   Wie geht's?

2. **Kouma ou   apele?**
   wie   Sie   heißen

   Wie heißen Sie?

3. **(Eski)   to   fin?**
   (Fragepartikel)   du   hungrig

   Bist du hungrig?

Nachdem Sie sich bereits vorstellen und Aussagesätze bilden können, lernen Sie nun wie man Fragen stellt. Dafür gibt es zwei Möglichkeiten:

   a. Die erste Möglichkeit ist der Gebrauch eines Fragewortes (siehe Tabelle nächste Seite). Die Satzstellung Subjekt-Verb-Objekt wird dabei <u>nicht</u> verändert.

   b. Als zweite Möglichkeit kann man die Stimme anheben und durch die Intonation einen Aussagesatz in einen Frage verwandeln: „Du hast Hunger?" wird **To fin?**

Außerdem kann dem Satz der Partikel **eski** vorangestellt werden, der im Deutschen keine Übersetzung hat und nur unterstreicht, dass es sich um eine Frage handelt.

Wie alle Kreolsprachen ist auch das Mauritius-Kreol minimalistisch angelegt. Oft braucht man weder ein Personalpronomen noch ein Verb. Bei unserem ersten Beispiel reicht das Fragewort **ki** und das Substantiv **manier,** um den Sinn „Wie ist dein Zustand?" auszudrücken. Alternativen sind: **Tou korek?** (Alles okay?), **Ki pozision?** (*wörtlich:* „Welche Lage?")

Wer?	Kisann-la?	Wessen?/ Für wen?	Pou kisann-la?
Was?/ Welche(r,s)?	Ki (ete)?	Wie?	Kouma?
Wieviel(e)?	Komie?	Wann?	Kan?
Wo?	Ki kote? / Kot?	Bis wann?	Ziska kan?
Woher?	Depi ki kote?	Seit wann?	Depi kan?
Warum?/ Wieso?	Kifer? (Akoz?)	*Fragepartikel*	Eski...?

Um Ihre Frage so höflich wie möglich zu stellen, sollten Sie auch auf Mauritius das Zauberwort „bitte" verwenden. Dazu sagen Sie wahlweise **siouple** (wenn Sie jemanden siezen) oder **silteple** (wenn Sie jemanden duzen) am Ende der Frage:

Eski **to** **kapav** **koz** **Angle,** **silteple?**
(Fragepartikel) du *können* *sprechen Englisch bitte*

Kannst du bitte Englisch sprechen?

Zu jeder höflichen Frage gehört im Normalfall auch eine passende Antwort. Sie sollen natürlich nicht im Regen stehen, wenn Sie etwas gefragt werden – und wenn Sie eine Frage stellen, sollen Sie auch die Antwort verstehen können.

Die folgenden Vokabeln können Ihnen dabei helfen:

ja	**wi**
nein	**non**
okay/ einverstanden	**korek (sa)/ dakor**
vielleicht	**kapav**
(ich) weiß nicht	**(mo) pa kone**
danke / vielen Dank	**mersi/ korek (sa)/**
	mersi bokou
Gern geschehen	**derien/ padkwa**

Im Mauritius-Kreol ist es außerdem üblich, **misie** (mein Herr), **madam** (meine Dame) oder **mamzel** (mein Fräulein) anzuhängen, wenn Sie sich höflich bedanken möchten.

Eski	**mo**	**kapav**	**ed**	**ou?**
(Fragepartikel)	*ich*	*können*	*helfen*	*Sie*

Kann ich Ihnen helfen?

Non,	**mersi,**	**misie.**	**Tou**	**korek**!
Nein	*danke*	*Herr*	*Alles*	*okay*

Nein, danke, mein Herr. Es ist alles in Ordnung!

Training – Fragen

Fragen Sie...
1. Wie heißt ihr?
2. Was isst er?
3. Magst du gerne Kokosnuss?
4. Kisann-la sorti Lalmagn?
5. Ki to bwar?
6. Eski to korek?

Lösungen – Fragen

1. Kouma zot apele?
2. Ki li manze?
3. (Eski) to kontan koko?
4. Wer kommt aus Deutschland?
5. Was trinkst du?
6. Alles okay bei dir?/ Geht's dir gut?

Vokabular der dritten Etappe

demann, demande	fragen; erfragen; bitten (*auch.* **dimann, dimande**)
demann nouvel	nach Neuigkeiten fragen
ki	was; welche(r/s)
manier	Zustand
Ki manier?	Wie geht es dir/ Ihnen?
fin	hungrig
tou	alle(s)
korek	gut; okay; danke
pozision	Lage; Position
angle; Angle	englisch; Englisch, Engländer(in)
ed, ede	helfen

Bato-taxi: Enn rodrige ar so bato

Taxi-Boot: Ein Rodriguais und sein Boot

4. Schritt: **Ki nou fer aster?**   *Was machen wir jetzt?*

1. **To**   **ena**   **de**   **zanfan.**
   du   *haben*   *zwei*   *Kind*

   Du hast zwei Kinder.

2. **Mo**   **kontan**   **manz**   **piman.**
   ich   *lieben*   *essen*   *Chili*

   Ich mag es, Chili zu essen.

3. **Aster,**   **nou**   **ape**   **manze.**
   jetzt   *wir*   *(Marker)*   essen

   Wir essen gerade. / Wir sind dabei zu essen.

4. **Li**   **pe**   **al**   **lakaz.**
   er/sie   *(Marker)*   *gehen*   *Haus*

   Er/ Sie geht gerade nach Hause.

Einer der größten Unterschiede zwischen dem Mauritius-Kreol und dem Deutschen liegt in der Zeitenbildung. Während Deutsch eine flektierende Sprache ist, die Verben also konjugiert werden, gibt es im Mauritius-Kreol <u>unveränderliche Marker</u>, die den Charakter der Handlung angeben:

a. Die einfache Gegenwart hat keinen Marker. Gewohnheiten und allgemeingültige Aussagen benötigen also nur das Verb: **Mo manz piman** (Ich esse *immer* Chili) oder **Mo enn Otrisien** (Ich bin Österreicher).

b. Der erste Marker, den Sie kennenlernen, ist **ape**. Er wird meistens zu **pe** verkürzt und drückt aus, dass eine Handlung vorrübergehend ist und/oder momentan noch stattfindet: **Mo pe manz piman** (Ich esse gerade Chili).

Im Deutschen könnte man **(a)pe**-Konstruktionen am ehesten mit „dabei sein, etwas zu tun" übersetzen. Es entspricht in etwa dem dialektalen Progressiv mit „am + *substantiviertes Verb* sein", den man im Westen Deutschlands recht häufig in der gesprochenen Sprache vorfindet (**Mo pe travay** wäre somit „ich bin am Arbeiten").

Versuchen Sie doch jetzt einmal den Titel dieses Sprachführers zu übersetzen!

Training – Gegenwart

1. Ich trinke jetzt gerade ein Bier.
2. Wir mögen es, Bananen zu essen.
3. Kann sie Kreol sprechen?
4. To pe manz piman.
5. Zot koz Kreol.
6. Ki li pe fer?

Achtung: Die Personalpronomen **mo** (zu **mwa**) und **to** (zu **twa**) können zur besonderen Betonung verändert werden. Sie verändern sich außerdem immer, wenn sie Objekt eines Satzes sind:

To   konn   mwa.   **Mo   konn   twa.**
du   kennen   ich   *ich   kennen   du*
Du kennst mich.   Ich kenne dich.

Die anderen Personalpronomen (**li, nou, zot, ou, bann-la**) bleiben unverändert: **Nou konn zot** (Wir kennen euch/sie).

Lösungen – Gegenwart

1. Mo pe bwar enn labier.
2. Nou kontan manz banann.
3. (Eski) li kapav koz Kreol?
4. Du isst jetzt/ gerade Chili.
5. Ihr sprecht Kreol./ Sie sprechen Kreol.
6. Was macht er/ sie gerade?

Vokabular der vierten Etappe

fer	machen
ena	haben
de	zwei
zanfan	Kind
piman	Chili
aster	nun, jetzt
ape, pe	*Marker für nicht abgeschlossene Handlungen*
lakaz	Haus, Zuhause
travay	arbeiten, Arbeit

1.
To	**aste**	**enn**	**boutey**	**dilo.**
du	*kaufen*	*eine*	*Flasche*	*Wasser*

Du kaufst eine Flasche Wasser.

2.
Li	**pe**	**manz**	**koko-la.**
er/sie/es	*(Marker)*	*essen*	*Kokosnuss-die*

Er/Sie/Es isst gerade die Kokosnuss.

3.
Bann-la	**ramas**	**bann**	**boutey.**
sie	*aufsammeln*	*(Plural)*	*Flasche.*

Sie sammeln Flaschen auf.

4.
Mo	**manz**	**bann**	**banann-la.**
ich	*essen*	*(Plural)*	*Banane-die*

Ich esse die Bananen.

5.
Sa	**lakaz-la**	**mari**	**zoli.**
(Demonstrativ)	*Haus-das*	*sehr*	*schön*

Dieses Haus ist sehr schön.

Da es <u>keine Geschlechter</u> gibt (siehe Personalpronomen **li**), fallen die unbestimmten Artikel *ein* und *eine* zu **enn** und die bestimmten Artikel *der, die, das* zu **–la** zusammen. Dieses **–la** wird hinter das zu bestimmende Substantiv gehängt: **banann-la** (die Banane).

Im Gegensatz zum Deutschen gibt es im Mauritius-Kreol auch für den <u>unbestimmten Plural</u> einen Marker: **bann**. Im Deutschen würde man lediglich das Nomen in den Plural setzen: **bann koko** (Kokosnüsse).

Die Bausteine können Sie nun miteinander kombinieren. Aus **koko-la** (die Kokosnuss) wird im Plural **bann koko-la** (die Kokosnüsse).

Wollen Sie betonen, dass es sich um unbestimmte Kokosnüsse handelt, können Sie statt **bann koko** auch **enn bann koko** verwenden.

Zu Beispiel 5: Sie können mit dem Partikel **sa** und den bestimmten Artikeln ganz einfach Demonstrativpronomen bilden: **sa boutey-la** (diese Flasche), **sa bann boutey-la** (diese Flaschen).

Training – Artikel

Übersetzen Sie
1. Die Kinder essen Bananen.
2. Ich kaufe diese Flasche.
3. Er mag die Kokosnuss.
4. Bann-la kontan bann zoli lakaz.
5. Eski ou ramas sa bann boutey dilo-la?
6. Kot zanfan-la sorti?

Wie können Sie ausdrücken, dass ein Substantiv bestimmt oder unbestimmt ist?
Wie können Sie unterscheiden, ob es sich um Einzahl oder Mehrzahl handelt?

Lösungen – Artikel

1. Bann zanfan-la manz bann banann.
2. Mo aste sa boutey-la.
3. Li kontan koko-la.
4. Sie mögen schöne Häuser.
5. Sammeln Sie diese Wasserflaschen auf?
6. Woher kommt das Kind?

> Eselsbrücke: **bann** leitet sich vom französischen Wort *bande* (dt. Bande) ab. **Bann boutey** sind also wörtlich „eine Bande Flaschen", **bann lakaz** „eine Bande Häuser" usw.

Ist ein Substantiv unbestimmt, so wird **enn** vorgestellt. Ist es bestimmt, wird **–la** angehängt. Wenn der Marker **bann** vor dem Substantiv steht, handelt es sich um die Mehrzahl (Plural).

Vokabular der fünften Etappe

aste	kaufen
boutey	Flasche
dilo	Wasser
-la	der; die; das *(Marker für Definit)*
ramas, ramase	aufsammeln; wegräumen
bann	*Marker für Plural*
sa	das
sa... -la	diese; dieser; dieses *(Marker für Demonstrativ Singular)*
sa bann... -la	diese *(Marker für Demonstrativ Plural)*
mari	sehr
zoli	schön

Napa fer sa! *Tu' das nicht!*

1. **Bann-la** **pa** **koz** **bokou.**
   sie *nicht* *sprechen* *viel*

   Sie sprechen nicht viel.

2. **Ou** **pena** **kas?**
   Sie *nicht+haben* *Geld*

   Haben Sie kein Geld?

3. **Mo** **pa** **pe** **manz** **nanye.**
   ich *nicht* *(Marker)* *essen* *nichts*

   Ich esse gerade nichts.

4. **Li** **pa** **konn** **okenn** **mo** **kreol.**
   er/sie *nicht* *kennen* *kein* *Wort* *kreolisch*

   Er/ Sie kennt kein kreolisches Wort.

5. **Zame** **nou** **pa** **koze.**
   nie *wir* *nicht* *sprechen*

   Wir sprechen nie.

Die Verneinung besteht im Normalfall aus dem Wort **napa**, das fast ausnahmslos zu **pa** verkürzt wird. Mit verschiedenen Wörtern verschmilzt **pa** zu einem einzigen Wort: etwa **pa** + **ena** = **pena** (nicht haben), **pa** + **ankor** = **pankor** (noch nicht).

Als deutscher Muttersprachler müssen Sie sich an die doppelte Verneinung gewöhnen. Dabei umschließen **pa** und der zweite Teil der Verneinung die Verbkonstruktion: **Mo pa konn personn** (Ich kenne niemanden).

Zur Akzentuierung kann der zweite Teil an den Satzanfang gestellt werden. Die Verneinung **pa** bleibt trotzdem vor dem Verb: **Personn mo pa kone** (Ich kenne niemanden).

nicht	**napa, pa**	kein	**pa... okenn**
nicht mehr	**nepli**	weder... noch	**pa... ni(...)ni**
niemals, (noch) nie	**pa... zame**	niemand, keiner	**pa... personn**
nichts	**pa... nanye**	noch nicht	**pankor**

Training – Verneinung

Übersetzen Sie
1. Nein, ich komme nicht aus Deutschland.
2. Ich kenne Mauritius noch nicht.
3. Wir trinken gerade nichts.
4. Zot pa kapav manz ni piman ni koko?
5. Li nepli ena kas.
6. Zame bann zanfan pa travay.

Lösungen – Verneinung

1. Non, mo pa sorti Lalmagn.
2. Mo pankor konn Moris.
3. Nou pa pe bwar nanye.
4. Können sie weder Chili noch Kokosnuss essen? / Könnt ihr weder Chili noch Kokosnuss essen?
5. Er/ Sie hat kein Geld mehr.
6. Kinder arbeiten nie.

Vokabular der sechsten Etappe

napa, pa	nicht
bokou	viel
pena	nicht haben; Es gibt nicht /Es gibt kein…
kas	Geld
nanye	nichts
konn, kone	kennen; wissen
okenn	kein
zame	nie; niemals
ankor	noch
pankor	noch nicht

VASHI.

1. | **Mo** | **finn** | | **bwar** | | **dilo.** |
   |---|---|---|---|---|---|
   | *ich* | *(Marker)* | | *trinken* | | *Wasser* |

   Ich habe Wasser getrunken.

2. | **Yer,** | **zot** | **inn** | | **koz** | | **Kreol.** |
   |---|---|---|---|---|---|---|
   | *gestern* | *ihr/sie* | *(Marker)* | | *sprechen* | | *Kreol* |

   Ihr habt / Sie haben gestern Kreol gesprochen.

3. | **Nisa-la** | | **ti** | | **serye.** |
   |---|---|---|---|---|
   | *Stimmung-die* | | *(Marker)* | | *prima* |

   Die Stimmung war großartig.

4. | **Soley** | **ti** | **pe** | **briye,** | **apre** | **lapli** | **finn** | **tonbe.** |
   |---|---|---|---|---|---|---|---|
   | *Sonne* | *(Marker)* | *scheinen* | *danach* | *Regen* | | *(Marker)* | *fallen* |

   Die Sonne schien, danach hat es geregnet.

Um Geschehnisse in der Vergangenheit auszudrücken gibt es im Mauritius-Kreol zwei Möglichkeiten: **finn** und **ti**. Der Unterschied zwischen beiden Markern ist bisher nicht endgültig erforscht. Man kann der Einfachheit halber jedoch sagen, dass **ti** eher dem deutschen Präteritum und **finn** dem deutschen Perfekt entspricht: **Mo ti koze** (Ich sprach) – **Mo finn koze** (Ich habe gesprochen).

a. Der Marker **finn** beschreibt abgeschlossene Handlungen und ist somit das Gegenteil zum Marker **(a)pe**. Beide Formen können deshalb <u>nicht</u> im selben Satz auftauchen.

b. Da Kreol über Jahrhunderte hinweg eine ausschließlich mündliche Sprache war, haben sich viele Kurzformen entwickelt. Auch **finn** wird meistens in seinen verkürzten Formen **inn** (nach Konsonant am Ende des Subjekts) und **nn** (nach Vokal am Ende des Subjekts) verwendet:
Mo'nn travay (Ich habe gearbeitet), **Zot inn koze** (Ihr habt gesprochen).

c. Der Marker **ti** kann in Kombination mit dem Marker **pe** eine nicht abgeschlossene Handlung in der Vergangenheit ausdrücken. „Die Sonne schien eine ganze Zeit lang" wird somit zu **Soley ti pe briye.**

Training – Vergangenheit

Übersetzen Sie
1. Gestern habe ich viel gegessen.
2. Hatte sie Geld?
3. Haben Sie den Sprachführer gelesen?
4. Kan bann-la ti malad?
5. To ti kontan sa labier-la.
6. Enn bann zanfan ti pe manz bann banann.

Lösungen – Vergangenheit

1. Yer, mo'nn manz bokou. / Yer, mo finn manz bokou.
2. (Eski) li ti ena kas?
3. (Eski) ou finn lir gid-la? / Ou'nn lir gid-la?
4. Wann waren sie krank?
5. Du mochtest dieses Bier.
6. Kinder waren gerade dabei Bananen zu essen.

> Eselsbrücke: **finn, fini** bedeutet „(be)enden".
> Abgeschlossene Handlungen könnten Sie
> also wörtlich mit „beendet haben etwas zu
> tun" übersetzen:
> **Mo finn manze.**
> *Ich habe es beendet zu essen.*

Vokabular der siebten Etappe

finn; inn; 'nn	*Marker für abgeschlossene Handlungen*
ti	*Marker für Handlungen in der Vergangenheit*
yer	gestern
nisa	Stimmung (einer Feier)
serye	prima; toll; großartig; geil; ernst
soley	Sonne
briye	scheinen
apre	dann; danach; nach; später; außerdem
lapli	Regen
tom, tonbe	fallen
lapli tonbe	regnen

Kan pou ena sa? *Wann wird's das geben?*

1.
Dime,	**mo**	**pa**	**pou**	**zwe**	**foutborl.**
morgen	*ich*	*nicht*	*(Marker)*	*spielen*	*Fußball.*

Morgen werde ich nicht Fußball spielen.

2.
Si	**dime**	**botan,**	**nou**	**ava**	**al**	**laplaz.**
falls	*morgen*	*schönes Wetter*	*wir*	*(Marker)*	*gehen*	*Strand*

Falls morgen schönes Wetter ist, werden wir zum Strand gehen.

3.
Eski	**ou**	**pou**	**vini**	**aswar?**
(Fragepartikel)	*Sie*	*(Marker)*	*kommen*	*Abend*

Werden Sie heute Abend kommen?

Mittlerweile haben Sie gemerkt, dass sich das Mauritius-Kreol das Leben nicht schwerer macht als nötig. Die lästige Konjugation, die für viele das größte Problem beim Fremdsprachenlernen ist, fällt einfach weg. Und so haben Sie auch für Handlungen in der Zukunft nur zwei Marker: **pou** und **ava**.

a. **pou** ist heute wesentlich geläufiger als **ava**. Mit **pou** können Sie praktisch alle Handlungen in der Zukunft ausdrücken:
Mo pou al Moris (Ich werde nach Mauritius gehen).

b. Der Marker **ava** hingegen drückt Handlungen in der Zukunft aus, deren Eintreten an eine Bedingung geknüpft ist, wie etwa:
Si botan, mo ava al laplaz (Falls schönes Wetter ist, werde ich zum Strand gehen).

Außerdem kann **ava** eine Unsicherheit oder Unentschiedenheit ausdrücken:
Apre kapav mo ava al laplaz (Später werde ich vielleicht zum Strand gehen).

Erinnerung:
Kurzformen von Tempus– und Aspektmarkern:

finn	**inn**	**'nn**
ape	**pe**	
ava	**va**	**a**

Training – Zukunft

Übersetzen Sie
1. Morgen wird die Sonne scheinen.
2. Wir arbeiten morgen nicht.
3. Vielleicht werde ich Kreol sprechen.
4. Vielleicht werde ich Kreol sprechen können.
5. Aswar, nou pou bwar enn labier?
6. Si to ena kas, to ava kapav al Moris.
7. Kan nou pou ramas bann boutey-la?

Neues Wort, altes Spiel!

Sowohl als Verb „können", als auch als Adverb
„vielleicht" wird **kapav** häufig zu **ka'v** verkürzt

Lösungen – Zukunft

1. Soley pou briye dime./ Dime, soley pou briye.
2. Dime, nou pa pou travay./ Nou pa pou travay dime.
3. Kapav mo ava/ pou koz Kreol.
4. Kapav mo ava/ pou kapav koz Kreol.
5. Werden wir heute Abend ein Bier trinken?
6. Falls du Geld hast, wirst du nach Mauritius gehen können.
7. Wann werden wir die Flaschen aufsammeln?

Vokabular der achten Etappe

dime	morgen
pou	*Marker für Handlungen in der Zukunft*
zwe	spielen
foutborl	Fußball
si	falls
botan	schönes Wetter
ava; va; a	*Marker für bedingte Handlungen in der Zukunft*
laplaz	Strand
vinn, vini	kommen
aswar	Abend; Nacht
kapav; ka'v	vielleicht

1.

Ki	**laz**	**to**	**ena?**	**Mo**	**ena**	**nef**	**an.**
was	*Alter*	*du*	*haben?*	*ich*	*haben*	*neun*	*Jahre*

Wie alt bist du? Ich bin 9 Jahre alt.

2.

Nou	**pe**		**gagn**		**so. Ou**	**pena**		**dilo?**
wir	*(Marker)*		*werden*		*heiß. Sie*	*nicht+haben*		*Wasser*

Uns wird heiß. Haben Sie kein Wasser?

3.

Ki	**to'nn**		**gagne?**
was	*du+(Marker)*		*haben*

Was ist los mit dir?

Das deutsche Verb „haben" kann in den meisten Fällen mit **ena** übersetzt werden: **To ena enn lisien** (Du hast einen Hund). Jedoch gibt es ein zweites Verb, **gagne**, das in gewissen Kontexten den Platz von „haben" einnimmt.

a. Altersangaben: Im Mauritius-Kreol „haben" Sie Jahre. Sie verwenden also **ena** für die Angabe Ihres Alters: **Mo ena trant an** (Ich bin dreißig Jahre alt). Wollen Sie betonen, dass Sie dieses Jahr 30 Jahre alt geworden sind, verwenden Sie hingegen **gagne**: **Mo'nn gagn trant an.**

b. Gefühle: Es gibt im Kreol einen wichtigen Unterschied zwischen Gefühlen, die mit den Sinnen wahrgenommen werden (Hunger, Kälte, Angst – mit **gagne**) und solchen, die im Herzen entstehen (Liebe, Kummer, Freude – mit **ena**):
Mo gagn fin / swaf / per. Ich habe Hunger / Durst / Angst.
Mo gagn fre / so. Mir ist kalt / heiß.
Aber: **Mo ena lapenn.** Ich habe Kummer.

c. „Es gibt": **ena** kann auch die Anwesenheit von etwas ausdrücken und ist dann am ehesten mit „es gibt" beziehungsweise „da ist/ sind" zu übersetzen.

Für Abwesenheit wird entsprechend **pena** verwendet:
(P)ena labier dan frizider. Da ist (kein) Bier im Kühlschrank.
Pena lanez dan Moris. Es gibt keinen Schnee auf Mauritius.
Ena lanez dan Lotris. Es gibt Schnee in Österreich.

d. Passiv: Es gibt im Kreol kein Passiv. Alles wird im Aktiv ausgedrückt. Für Dinge, die ungewollt oder unbeeinflusst geschehen, können Sie wieder das Verb **gagne** verwenden: **Mo gagn so** (Mir ist / wird heiß).

Training – Das Verb „haben"

Übersetzen Sie
1. Haben Sie Hunger?
2. Wie alt bist du geworden?
3. Gibt es Wasser?
4. Nou pa gagn per.
5. Mo ena enn zoli lisien.

Welches kreolische Verb verwenden Sie um Gefühle auszudrücken, die in Ihrem Herzen entstehen (wie Liebe, Freude, Kummer, Hass)?

Lösungen – Das Verb „haben"

1. (Eski) ou gagn fin?
2. Ki laz to finn gagne? / Ki laz to'nn gagne?
3. (Eski) ena dilo?
4. Wir haben keine Angst.
5. Ich habe einen schönen Hund.

Für Gefühle, die im Herzen entstehen, verwendet man das Verb **ena**. Beispiele: **Mo ena lamour pou twa**. – Ich empfinde Liebe für dich. **Mo ena lapenn**. – Ich habe Kummer.

Vokabular der neunten Etappe

gagn, gagne	haben; werden; verdienen; gewinnen; bekommen
laz	Alter
ki laz...ena?	Wie alt ist...?
ena... an	... Jahre alt sein
nef	neun
an	Jahr
so	heiß
lisien	Hund
trant	dreißig
fin	Hunger; hungrig
swaf	Durst; durstig
per	Angst
fre	kühl; kalt
lapenn	Kummer
dan	in
frizider	Kühlschrank
lanez	Schnee
sagrin	traurig; Traurigkeit

> Tipp:
> Wenn Sie in einem Satz „haben" durch „werden" oder „bekommen" ersetzen können, ist oft **gagne** das richtige Wort!

1. **Kot   to   ete?**
   wo   du   sein

   Wo bist du?

2. **Mo   pa   kone   kouma   bann-la   ete.**
   ich   nicht   wissen   wie   sie   sein

   Ich weiß nicht, wie sie sind.

3. **Li   gran.**
   er/sie/es   groß

   Er/ Sie/ Es ist groß.

Der Einfachheit halber haben Sie bereits in der ersten Etappe gelernt, dass das Verb „sein" im Mauritius-Kreol nicht existiert. Dies war notwendig, damit Sie Ihr Gehirn austricksen konnten, das Ihnen automatisch durch die Analogie zum Deutschen ein „sein" zur Satzbildung abverlangt. Nachdem Sie inzwischen daran gewöhnt sind Sätze wie **Mo alman** („Ich bin deutsch") zu bilden, stellen wir es Ihnen vor: **ete** – das Äquivalent zu „sein".

a. Bei Fragen, die durch ein Fragewort eingeleitet werden und mit dem Sie sich nach dem Wesen (**ki?** was?, **kouma?** wie?, **kisann-la?** wer?) oder dem Aufenthaltsort (**kot?** wo?) erkundigen, muss **ete** verwendet werden:
   Kisann-la to ete? (Wer bist du?), **Kouma labier-la ete?** (Wie ist das Bier?),
   Kot li ete? (Wo ist er/sie/es?)

b. In Nebensätzen in denen die oben genannten Fragewörter als Pronomina benutzt werden, wird **ete** ebenfalls verwendet:
   Mo kone kot to ete (Ich weiß wo du bist),
   To kone kisann-la mo ete? (Weißt du wer ich bin?).
   Mehr dazu finden Sie auf Seite 49.

c. Wie Sie bereits wissen, fällt in allen anderen Fällen das Verb „sein" weg. Das heißt für alle weiteren Fragewörter lassen Sie diese Stelle weiterhin einfach frei:

   Kifer   sa   koumsa?
   warum   das   so
   Warum ist das so?

Training – Das Verb „sein"

Übersetzen Sie
1. Das Bier ist großartig.
2. Wer seid ihr?
3. Warum bist du groß?
4. Mo pa kone kot zanfan-la ete.
5. Kouma sa bann lakaz-la ete?
6. Bann Morisien zoli.

Überlegen Sie:
Wie übersetzen Sie die deutschen Wörter „sein", „haben" und das unpersönliche „es gibt" ins Mauritius-Kreol?

Lösungen – Das Verb „sein"

1. Labier-la serye.
2. Kisann-la zot ete?
3. Kifer to gran?
4. Ich weiß nicht, wo das Kind ist.
5. Wie sind diese Häuser?
6. Mauritier sind schön.

„sein" wird in den meisten Fällen nicht übersetzt. In Fragen und Nebensätzen wird es mit **ete**, in der Konstruktion „da ist / sind" und bei Altersangaben mit **ena** übersetzt.

„haben" wird normalerweise mit **ena** übersetzt. Bei Gefühlen, die mit den Sinnen wahrgenommen werden, wird **gagne** verwendet.

„es gibt" wird in jedem Fall mit **ena** übersetzt. Die negative Entsprechung lautet **pena**.

Vokabular der zehnten Etappe

ete	sein
kouma	wie
gran	groß
sa	das
koumsa	so
morisien	mauritisch
Morisien	Mauritier
Morisienn	Mauritierin

1.   **Moris   mari   ver.**
     Mauritius sehr   grün

     Mauritius ist sehr grün.

2.   **Sa   vie   madam-la   zoli.**
     (Demonstrativ)   alt   Frau-die   schön

     Diese alte Frau ist schön.

3. **Mo   koz   Kreol   extra   dousman.**
      ich   sprechen   Kreol   sehr   langsam

     Ich spreche Kreol sehr langsam.

Wie im Deutschen gibt es im Kreol keinen Unterschied zwischen Adjektiven und Adverbien. Das gleiche Wort kann ein Substantiv, ein Verb oder ein weiteres Adjektiv beschreiben: **Ros-la dir.** – Der Stein ist hart.   **Bann-la travay dir.** – Sie arbeiten hart.

Es gibt allerdings ein paar Ausnahmen. In diesen Fällen müssen Sie unterscheiden, ob Sie ein Substantiv oder ein Verb beziehungsweise Adjektiv beschreiben:

Beispiele	Adjektiv (beschreibt Nomen)	Adverb (beschreibt Verben und Adjektive)
gut	**bon**	**bien**
schlecht	**pa bon move**	**mal**
schnell	**rapid**	**vit**

Viele mauritische Wörter können letztlich in verschiedene grammatische Kategorien einge-ordnet werden. Das Wort **bien** kann etwa die adverbialen Bedeutungen „sehr" und „gut" haben. Somit kann man etwas **bien mal** (*wörtlich:* „gut schlecht") machen, also „sehr schlecht".
Je kürzer Adjektive sind, desto höher ist die Wahrscheinlichkeit, dass sie vor dem Nomen stehen: **enn zoli garson** (ein hübscher Junge) – **enn tifi intelizan** (ein kluges Mädchen).

Es gibt allerdings Ausnahmen.
So werden alle Farben und Nationalitäten, sowie Geschmacksrichtungen nachgestellt:
enn dite morisien nwar dou (ein süßer schwarzer mauritischer Tee).
Der bestimmte Artikel rutscht in diesen Fällen hinter das Adjektiv:
lakaz rouz-la (das rote Haus).

Training – Adjektive und Adverbien

Übersetzen Sie
1. Deutschland spielt einen guten Fußball.
2. Deutschland spielt gut Fußball.
3. Sie hat ein schönes Buch geschrieben.
4. Sa manze-la ankor so.
5. Usain Bolt mari rapid.
6. Letan-la bon.

Lösungen – Adjektive und Adverbien

1. Lalmagn zwe enn bon foutborl.
2. Lalmagn zwe foutborl bien.
3. Li finn ekrir enn zoli liv. / Li'nn ekrir enn zoli liv.
4. Dieses Essen ist noch heiß.
5. Usain Bolt ist sehr schnell.
6. Das Wetter ist gut.

Vokabular der elften Etappe

mari	sehr, besonders, unglaublich, Ehemann
ver	grün
vie	alt
extra	sehr
dousman	langsam
ros	Stein
dir	hart
bon	gut (Adjektiv)
bien	gut (Adverb), sehr
pa bon	schlecht (Adjektiv)
move	schlecht (Adjektiv)
mal	schlecht, falsch (Adverb)
rapid	schnell (Adjektiv)
vit	schnell (Adverb)
garson	Junge
tifi	Mädchen; Tochter
intelizan	intelligent, klug
dite	Tee
nwar	schwarz
dou	süß
rouz	rot

1. | **Sa** | **tifi-la** | **mo** | **tifi.** |
   |---|---|---|---|
   | *(Demonstrativ)* | *Mädchen-das* | *mein* | *Mädchen/Tochter* |

   Dieses Mädchen ist meine Tochter.

2. | **Eski** | **sa** | **sak-la** | **pou** | **ou?** |
   |---|---|---|---|---|
   | *(Fragewort)* | *(Demonstrativ)* | *Tasche-die* | *von* | *Sie* |

   Ist das Ihre Tasche?

3. | **Mo** | **kontan** | **ou** | **madam** | **so** | **soulie.** |
   |---|---|---|---|---|---|
   | *ich* | *lieben* | *Ihre* | *Frau* | *ihr* | *Schuh* |

   Mir gefallen die Schuhe Ihrer Frau.

Elf Etappen liegen bereits hinter Ihnen und Sie kommen dem Mauritius-Kreol Schritt für Schritt auf die Schliche! Als zwölfte Etappe lernen Sie die Possessivpronomina kennen. Diese sind im Vergleich zum Deutschen wesentlich einfacher, da es kein Fallsystem, keine Geschlechter und keine Pluralformen gibt:

mo mari (mein Ehemann), **to madam** (deine Frau), **so zanfan** (sein Kind), **so bann zanfan** (seine Kinder), **nou bann kamarad** (unsere Freunde).

Das Pronomen wird also lediglich dem Besitzer angeglichen und nie dem Besitz:

mein	mo	pou mwa
dein	to	pou twa
sein/ihr	so	pou li
unser	nou	pou nou
euer	zot	pou zot
ihr	zot	pou zot pou bann-la
Ihr *(höflich)*	ou	pou ou

Es ist möglich, den Besitz mit **pou** auszudrücken: **Lakaz-la li pou twa** entspräche dann etwa dem Deutschen „Das Haus ist <u>von dir</u>".
Im Deutschen wäre dies zwar grammatikalisch falsch, im Kreol jedoch richtig!

Zu Beispielsatz 3: Eine weitere Möglichkeit diesen Satz auszudrücken, die der deutschen Satzstellung mit Genitiv ähnlicher ist, wäre: **Mo kontan soulie ou madam**.

Training – Possessivpronomina

Übersetzen Sie
1. Meine Freunde spielen gerne Fußball.
2. Wo ist Ihre Frau?
3. Dieses Bier ist meins.
4. To kontan to manze?
5. Pou kisann-la sa soulie-la?
6. Sa kas-la pou twa.

Lösungen – Possessivpronomina

1. Mo bann kamarad kontan zwe foutborl.
2. Kot ou madam ete?
3. Sa labier-la pou mwa. / Mo labier sa.
4. Magst du dein Essen?
5. Wessen Schuh ist das? / Von wem ist dieser Schuh?
6. Dies ist dein Geld.

Vokabular der zwölften Etappe

sakenn	jeder; jede; jedes
sak	Tasche
pou	für, von
madam	Frau, Ehefrau
so	sein(e/er/s), ihr(e/er/s) (*Possessivpronomen 3.Person Singular*)
soulie	Schuh
mari	Ehemann
kamarad	Freund(in)

Enn peizaz tipik dan Moris

Eine typische Landschaft in Mauritius

Anou fer sa ansam! *Lasst uns das zusammen tun!*

1.

Fredo	**ek**	**Dieter**	**pe**	**al**	**lapes**	**ansam.**
Fredo	*und*	*Dieter*	*(Marker)*	*gehen*	*fischen*	*zusammen*

Fredo und Dieter gehen gerade zusammen fischen.

2.

Eski		**mo**	**kapav**	**koz**		**ar**	**twa?**
(Fragewort)		*ich*	*können*	*sprechen*		*mit*	*du (Objekt)*

Kann ich mit dir sprechen?

3.

Li	**fer**	**vesel**	**e**		**mo**	**fer**	**manze.**
er/sie	*machen*	*Geschirr*	*und*		*ich*	*machen*	*Essen*

Er/ Sie spült und ich mache Essen.

4.

Ou	**pe**	**vinn**	**dan**	**loto**	**ouswa**	**dan**	**bis?**
Sie	*(Marker)*	*kommen*	*in*	*Auto*	*oder*	*in*	*Bus*

Kommen Sie mit dem Auto oder mit dem Bus?

Das Mauritius-Kreol kennt die Konjunktionen **e, avek, ar** und **ek** um Satzteile zu verknüpfen.

a. „und" wird meistens mit **ek** ausgedrückt. „Mit" entspricht hingegen **ar** oder **avek**. Bei der Verbindung zweier Hauptsätze wird „und" häufiger mit **e** ausgedrückt.

b. **avek** und **ar** können **ek** ersetzen. Die Formen entsprechen dann ebenfalls „und".

Beispiel: **Caroline ar / ek / avek Fredo inn pans mo laniverser.**
Caroline und Fredo haben an meinen Geburtstag gedacht.

Achtung:

Mauritier erkundigen sich sozusagen „mit" jemandem. Sie verwenden also **ar** oder **avek**:

Mo pran to nouvel ar / avek to madam.

Ich erkundige mich bei deiner Frau nach dir.

---

c. Eine Auswahl im Sinne von „oder" kann mit **ou, ouswa** und **oubien** ausgedrückt werden. Außerdem können Sie „entweder… oder" mit Hilfe von **swa…swa** bilden:

Beispiel: **Swa mo ale swa mo reste.**
Entweder ich gehe oder ich bleibe.

Training – Konjunktionen

Übersetzen Sie
1. Ich spreche gerade mit Helmut.
2. Ist das eure oder seine Tasche?
3. Ar komie kamarad to'nn zwe foutborl?
4. Bann Alman ena zot "Feierabend" e bann Morisien "kas enn poz".

Lösungen – Konjunktionen

1. Mo pe koz ek Helmut./ Mo pe koz ar Helmut./ Mo pe koz avek Helmut.
2. Sa sak-la pou zot oubien pou li?
3. Mit wie vielen Freunden hast du Fußball gespielt?
4. Deutsche haben ihren „Feierabend" und Mauritier „kas enn poz".

Vokabular der dreizehnten Etappe

ek	und, mit
lapes	fischen
al lapes	fischen gehen
ansam	zusammen
ar	mit, und
vesel	Geschirr
fer vesel	(ab)spülen
e	und *(als Verbindung zweier Hauptsätze)*
manze	Essen
loto	Auto
ouswa	oder
bis	Bus
avek	mit, und
pans, panse	denken
laniverser	Geburtstag
pran nouvel ar / avek kikenn	sich bei jemandem Neuigkeiten holen; sich bei jemandem erkundigen
ou, oubien	oder
swa...swa	entweder...oder
kas enn poz	typisch mauritische Beschäftigung: Zeit mit Freunden/ Bekannten verbringen und quatschen, essen, trinken (wörtlich „eine Pause zerbrechen")

1.
Bokou	**dimounn**		**trouve**	**ki**	**Moris**		**zoli.**
viele	*Person*		*finden*	*dass*	*Mauritius*		*schön*

Viele Leute finden, dass Mauritius schön ist.

2.
Li	**sir**	**ki**	**bann-la**	**pou**	**vini.**
er/sie	*sicher*	*dass*	*sie*	*(Marker)*	*kommen*

Er/Sie ist sich sicher, dass sie kommen werden.

3.
Bann-la	**pa**	**dakor,**		**mo**	**krwar.**
sie	*nicht*	*einverstanden*		*ich*	*glauben*

Ich glaube, dass sie nicht einverstanden sind.

4.
Sa		**garson**	**ki**		**mo'nn**	**koz**
(Demonstrativ)		*Junge*	*(Pronomen)*		*ich(+Marker)*	*sprechen*

Der Junge, von dem ich dir erzählt habe,...

twa-la,			**zwe**	**foutborl**	**zordi.**
du (Objekt)-der (Artikel von Junge)			*spielen*	*Fußball*	*heute*

...spielt heute Fußball.

In Nebensätzen und Relativsätzen ändert sich die Satzstellung im Vergleich zum Deutschen. Aber keine Panik, es wird nur einfacher! Die bereits aus Aussagesätzen und Fragen bekannte Satzfolge <u>Subjekt – Verb – Objekt</u> bleibt nämlich auch im Nebensatz erhalten.

a. Der Nebensatz wird dem Hauptsatz mit „*dass*" (**ki**) untergeordnet.

b. **ki** fällt weg, wenn der Nebensatz vor dem Hauptsatz steht:

Mo krwar <u>ki</u> nou pou vini.	Ich glaube, dass wir kommen werden.
Nou pou vini, mo krwar.	Wir werden kommen, glaube ich.

c. **ki** kann auch in mündlichen Nebensätzen wegfallen: **Mo krwar (ki) li pou vini.**

d. Beschreibt ein Relativsatz ein Substantiv mit einem nachgestellten Artikel (**-la**), wie etwa in Beispielsatz 4: „der Junge, von dem ich dir erzählt habe", so muss dieser Artikel auch dem Relativsatz nachgestellt werden: „**Sa garson** <u>ki mo'nn koz twa-la</u>...". Dies ist <u>nicht</u> der Fall, wenn bereits ein weiterer Artikel nachgestellt ist: „der Junge, von dem ich der Frau erzählt habe" : „**Sa garson** <u>ki mo'nn koz madam</u>-**la**". Hier fällt das **–la** von **madam** weg.

Training – Relativsätze

Übersetzen Sie
1. Der Strand, an den ich gestern gegangen bin, heißt Pereybere.
2. Der Junge, den du gesehen hast, isst Banane.
3. Ki travay ki to fer?
4. Zot ena bann kamarad ki zwe foutborl?
5. Labier ki to'nn bwar-la ti serye.

Lösungen – Relativsätze

1. Laplaz (ki) mo finn ale yer, apel Pereybere. / Laplaz (ki) mo'nn ale yer, apel Pereybere.
2. Sa garson (ki) to finn trouve-la, pe manz banann. / Sa garson (ki) to'nn trouve-la, pe manz banann.
3. Was ist das für eine Arbeit, die du machst?
4. Habt ihr Freunde, die Fußball spielen? / Haben sie Freunde, die Fußball spielen?
5. Das Bier, das du getrunken hast, war großartig.

Vokabular der vierzehnten Etappe

dimounn	Person; Leute
trouv, trouve	finden; sehen
ki	*Relativpronomen* (der, die, das); dass
sir	sicher (sein)
dakor	einverstanden
krwar	glauben
azordi; zordi	heute

Bann nenifar dan zardin botanik Pamplemousses

Riesige Seerosenblätter im botanischen Garten in Pamplemousses

1.

Li	**oule**	**kone**	**komie**	**li**	**bizin**	**peye.**
er/sie	*möchten*	*wissen*	*wie viel*	*er/sie*	*müssen*	*bezahlen*

Er/Sie möchte wissen, wie viel er/sie bezahlen muss.

2.

Nou pa	**kone**	**depi**	**kan**	**nepli**	**ena**	**dodo.**
wir nicht	*wissen*	*seit*	*wann*	*nicht mehr*	*haben*	*Dodo*

Wir wissen nicht, seit wann es den Dodo nicht mehr gibt.

3.

Ou	**kontan**	**Moris**	**parski**	**ena**	**bann**	**zoli**	**laplaz.**
Sie	*lieben*	*Mauritius*	*weil*	*haben*	*(Plural)*	*schön*	*Strand*

Sie lieben Mauritius, weil es dort schöne Strände gibt.

Das Relativpronomen **ki** ist nicht die einzige Möglichkeit, kreolische Nebensätze einzuleiten. Sie können auch die verschiedenen Konjunktionen aus dieser Tabelle verwenden:

wen, wem	**kisann-la**	wessen; für wen; von wem	**pou kisann-la**
dass	**ki**	wie viel(e)	**komie**
was, das	**seki, saki**	wie lange	**komie tan**
warum; wieso	**kifer**	weil, da, wegen	**parski, akoz**
wie	**kouma**	wann	**kann**
wo, wohin	**kot, kot sa**	bis wann	**ziska kan, depi kan**
woher	**ki kote**	seit wann	**depi kan**

Als deutsche Muttersprachler bilden Sie aus Gewohnheit lange Sätze, in die Sie problemlos Nebensätze und Zusatzinformationen einbauen. Im Mauritius-Kreol ist dies jedoch absolut unüblich! Halten Sie die Sätze kurz: Subjekt – Verb – Objekt – Punkt:

Beispiel:
Mo gagn fin. Mo pou manz enn banann. Apre mo pou korek.
Ich habe Hunger. Ich werde eine Banane essen. Danach wird es mir gut gehen.
Statt: Ich habe Hunger und deswegen werde ich eine Banane essen, damit es mir wieder besser geht.

Was sich im Deutschen sehr simpel und somit ein wenig komisch anhört, ist im Mauritius-Kreol absolut normal. Gut, oder?

Training – Nebensätze

Übersetzen Sie
1. Ist das Mädchen, das du da siehst, schön?
2. Wir wissen nicht wie viel ein Taxi nach Port Louis kostet.
3. Die Strände auf Mauritius sind für jeden.
4. Li finn dir kan li pou zwe foutborl?
5. Christian pe dir li kouma lapes.
6. Bann dimounn oule kone kifer nepli ena dodo.

> Tipp:
> Sie kennen das Spiel mit den Kurzformen
> bereits von verschiedenen kreolischen
> Markern und Verben. Auch das Verb **oule**
> wird in den meisten Fällen zu **le** verkürzt:
> **Mo oule koze.**
> **= Mo le koze.**

Lösungen – Nebensätze

1. (Eski) tifi ki to pe trouve-la zoli?
2. Nou pa kone komie enn taxi pou al Port-Louis koute.
3. Bann laplaz (ki) dan Moris zot pou tou dimounn.
4. Hat er gesagt wann er Fußball spielen wird?
5. Christian sagt ihm gerade wie man fischt.
6. Die Leute möchten wissen, warum es keine Dodos mehr gibt.

Vokabular der fünfzehnten Etappe

zaze	tratschen, quatschen
oule, le	möchten
komie	wie viel(e)
bizin	müssen, brauchen
pey, peye	bezahlen
depi	seit
depi kan	seit wann
dodo	Dodo
parski	weil, da, wegen

Depi kan? Depi fek! *Seit wann? Gerade eben!*

1.

Eva	**fek**		**manz**	**enn**	**roti.**
Eva	*(Marker)*		*essen*	*ein*	*Roti*

Eva hat gerade eben einen Roti gegessen.

2.

Mo	**fek**		**met**	**mayodbin.**
ich	*(Marker)*		*anziehen*	*Badekleidung*

Ich habe gerade meine Badekleidung angezogen.

3.

Aster	**mo**		**pre pou**	**al**	**laplaz.**
nun	*ich*		*(Marker)*	*gehen*	*Strand*

Jetzt bin ich im Begriff zum Strand zu gehen.

Im Mauritius-Kreol gibt es zwei Möglichkeiten, um Unmittelbarkeit auszudrücken. Wie gehabt greifen beide auf Marker zurück, die dem Verb vorausgehen.

Für die unmittelbare Vergangenheit: „gerade eben etwas gemacht haben" – **fek**

Für die unmittelbare Zukunft: „im Begriff sein etwas zu tun" – **pre pou**

Was sich für deutsche Ohren wieder einmal umständlich anhört, ist auf Kreol ganz einfach und total normal!

Lapes ourit dan Rodrig

Tintenfischjagd auf Rodrigues

Training – Unmittelbare Zeiten

Übersetzen Sie
1. Ich habe gerade eben Wasser getrunken.
2. Maja ist im Begriff zum Strand zu gehen.
3. Bist du gerade erst nach Mauritius gekommen?
4. Nou fek manz roti avek piman.
5. Anne-Laure fek malad, me li pe zwe dan lapli.
6. Eski to bann kamarad pre pou vinn kot nou?

Lösungen – Unmittelbare Zeiten

1. Mo fek bwar dilo.
2. Maja pre pou al laplaz.
3. (Eski) to fek vinn Moris?
4. Wir haben gerade eben Roti mit Chili gegessen.
5. Anne-Laure war eben noch krank, aber jetzt spielt sie im Regen.
6. Sind deine Freunde im Begriff zu uns nach Hause zu kommen?

Vokabular der sechzehnten Etappe

fek	*Marker für unmittelbare Vergangenheit*
roti	Roti (pfannkuchenartiges indisches Brot)
met	anziehen
mayodbin	Badekleidung (Badehose, Badeanzug, Bikini)
pre pou	*Marker für unmittelbare Zukunft*

Rann mwa enn servis! *Tu' mir einen Gefallen!*

1. **Koz pli dousman siouple!**
   sprechen mehr   langsam   bitte (Sie)

   Sprechen Sie bitte langsamer!

2. **Anou ale!**
   wir (Imperativ)   gehen

   Gehen wir!

3. **Pa lager, zot de!**
   nicht   streiten   ihr   zwei

   Streitet euch nicht!

4. **Get sa salte partou-la!**
   ansehen   (Demonstrativ)   Müll   überall-der

   Sieh dir diesen Müll überall an!

a. Um Aufforderungen der zweiten Person Singular (du) und Plural (ihr), sowie der Höflichkeitsform (Sie) auf Kreol auszudrücken, können Sie wie im Deutschen, das Personalpronomen weglassen und mit dem Verb beginnen. Dabei müssen Sie lediglich die Regeln für die lange und kurze Verbform beachten:

Koze!   Sprich! / Sprecht! / Sprechen Sie!
Koz Kreol!   Sprich Kreol! / Sprecht Kreol! / Sprechen Sie Kreol!

b. Für die erste Person Plural (wir) brauchen Sie ein zusätzliches Wort, das Sie vor das Verb setzen: **anou.**

Anou koze!   Sprechen wir!
Anou koz Kreol!   Sprechen wir Kreol!

c. Beide Formen können mit **napa** oder **pa** negiert werden.

Pa koze!   Sprich nicht! / Sprecht nicht! / Sprechen Sie nicht!
Anou napa koz sa!   Sprechen wir nicht davon!

Training – Imperativ

Übersetzen Sie
1. Iss eine Banane!
2. Gehen wir zum Strand!
3. Pran sa labier ki lor latab-la!
4. Rajinder, fer enn roti pou nou!
5. Pa al Port Louis dan Lindi!

Lösungen – Imperativ

1. Manz enn banann!
2. Anou al laplaz!
3. Nimm das Bier, das auf dem Tisch steht!
4. Rajinder, mach' uns einen Roti!
5. Geh' nicht montags nach Port Louis!

Vokabular der siebzehnten Etappe

rann, rande	tun, zurückgeben
servis	Gefallen
pli	mehr
dousman	langsam
anou	wir *(zur Imperativbildung)*
lager	sich streiten, sich schlagen
get, gete	ansehen, angucken, anschauen, betrachten
salte	Müll

Legliz Cap Malheureux ena enn twa kouler rouz net

Die Kirche am Cap Malheureux hat ein strahlend rotes Dach

1. | **Letan** | **Moris** | **pli** | **bon** | **ki** | **letan** | **Laswis.** |
|---|---|---|---|---|---|---|
| *Wetter* | *Mauritius* | *mehr* | *gut* | *als* | *Wetter* | *Schweiz* |

   Das Wetter auf Mauritius ist besser als in der Schweiz.

2. | **Laplaz** | **Tamarin** | **osi** | **zoli** | **ki** | **laplaz** | **Le Morne.** |
|---|---|---|---|---|---|---|
| *Strand* | *Tamarin* | *gleich* | *schön* | *wie* | *Strand* | *Le Morne* |

   Der Strand von Tamarin ist genauso schön wie der Strand von Le Morne.

3. | **Bis** | **kout** | **mwins** | **ki** | **taxi.** |
|---|---|---|---|---|
| *Bus* | *kosten* | *weniger* | *als* | *Taxi* |

   Busfahren kostet weniger als Taxifahren.

Mauritius ist in sehr vielen Punkten ganz anders als Europa. Sie werden also oft in die Situation kommen, beides miteinander zu vergleichen. Dabei helfen Ihnen folgende Adverbien:

pli... ki	mehr... als
osi...ki	genauso... wie, gleich... wie
mwin...ki	weniger... als

Komparativformen wie „besser" oder „klüger" werden im Kreol also quasi mit „mehr gut" beziehungsweise „mehr klug" ausgedrückt: **bon – pli bon**, **intelizan – pli intelizan**.

Wenn **pli** und **mwin** ein Verb anstelle eines Adjektivs beschreiben, bekommen sie ein **–s** und werden respektive zu **plis** und **mwins**. Im gleichen Fall wird **osi** zu **otan**:

Mo travay <u>plis ki</u> twa.	Ich arbeite <u>mehr als</u> du.
Li travay <u>otan ki</u> bann-la.	Er/Sie arbeitet <u>gleich viel wie</u> sie.
To travay <u>mwins ki</u> mwa.	Du arbeitest <u>weniger als</u> ich.

Der Superlativ entspricht dem Komparativ. Hier müssen Sie allerdings als Erklärung einen Kontext (worin?, wo?, wann?) liefern:

1. | **Momem** | | **<u>pli bon</u>** | **avoka** | **ki** | **ena** | **dan** | **Lotris.** |
|---|---|---|---|---|---|---|---|
| *Ich+genau* | | *mehr gut* | *Anwalt* | *der* | *haben* | *in* | *Österreich* |

   Ich bin der beste Anwalt, den es in Österreich gibt.

2. | **Bis** | **transpor** | **ki** | **kout** | **<u>mwins</u>** | **dan** | **Moris.** |
|---|---|---|---|---|---|---|
| *Bus* | *Transportmittel* | *das* | *kosten* | *weniger* | *in* | *Mauritius.* |

   Der Bus ist das günstigste Transportmittel auf Mauritius.

Training – Vergleiche

Übersetzen Sie
1. Deutschland ist größer als Mauritius.
2. Gerlinde ist das hübscheste Mädchen, das ich kenne.
3. Enn boutey labier kout mwins ki enn boutey rom.
4. Bann zanfan zwe plis ki bann gran dimounn.
5. Mo mama osi vie ki to papa.

Lösungen – Vergleiche

1. Lalmagn pli gran ki Moris.
2. Gerlinde pli zoli tifi ki mo kone.
3. Eine Flasche Bier kostet weniger als eine Flasche Rum.
4. Kinder spielen mehr als ältere Leute.
5. Meine Mama ist genau so alt wie dein Papa.

Vokabular der achtzehnten Etappe

letan	Wetter, Klima, Zeit
pli… ki	mehr… als
osi… ki	genauso… wie, gleich… wie
kout, koute	kosten
mwins ki	weniger als
taxi	Taxi
mwin…ki	weniger…als
plis ki	mehr als
pli bon	besser, beste(r,s), am Besten (*auch:* **meyer**)
otan ki	genauso (viel) wie
momem	ich selbst (*zur Akzentuierung*)
avoka	Anwalt
transpor	Transportmittel

1. **De-trwa dimounn finn zwe inpe lamizik.**
   zwei drei Person (Marker) spielen ein bisschen Musik

   Ein paar Leute haben ein bisschen Musik gemacht.

2. **Ou kapav met enn tigit piman dan roti-la?**
   Sie können geben ein wenig Chili in Roti-der

   Können Sie ein wenig Chili auf den Roti machen?

3. **Enn ta dimounn fer bokou tapaz.**
   ein Haufen Person machen viel Krach

   Viele Leute machen viel Krach.

Was Mengenangaben angeht ist das Mauritius-Kreol sehr kreativ. Es gibt diverse Möglichkeiten, um alles von „wenig" bis „viel" auszudrücken. Hier eine kleine Übersicht:

(gar) nichts	**nanye (ditou)**
kein	**okenn**
ohne	**san**
nur	**nek; zis**
sehr wenig *(zählbar)*	**enn-de**
wenig, ein paar *(zählbar)*	**de-trwa**
ein bisschen	**inpe**
(wirklich) nicht genug	**(bien) pa ase**
(ein) wenig	**(enn) tigit; tiginn**
(sehr) wenig	**(mari/bien) tigit; tiginn**
weniger	**mwins**
(viel) weniger	**(mari/bien) mwins**
genug	**ase**
ausreichend	**sifizan**
fast, zirka	**apepre**
mehr	**plis**
viel	**plin; enn ta**
(sehr) viel	**(mari/bien) bokou; boukou** **enn (mari/bon) kantite**
alles	**tou**
zu viel	**tro bokou; tro boukou**

Training – Mengenangaben

Übersetzen Sie
1. Ich habe gestern keinen Roti gegessen.
2. Sie haben zu viel Bier getrunken.
3. Kein Geburtstag ohne Segamusik!
4. Enn ta zoli tifi ena dan Moris.
5. Ariane pa finn ankor al laplaz ase.
6. Mo anvi sorti plis.

Lösungen – Mengenangaben

1. Mo pa'nn manz okenn roti yer.
2. Bann-la finn bwar tro bokou labier./ Ou fin bwar tro bokou labier.
3. San sega, pena laniverser! / Pena laniverser san sega!
4. Es gibt einen Haufen hübscher Mädchen auf Mauritius.
5. Ariane ist noch nicht genug am Strand gewesen.
6. Ich habe Lust mehr wegzugehen/ rauszugehen.

Vokabular der neunzehnten Etappe

de-trwa	ein paar; wenig
inpe	ein wenig
lamizik	Musik
zwe lamizik	Musik machen
met	geben; setzen; stellen; legen; anziehen [Kleidung]
enn tigit	ein bisschen
dan	in; auf; darin; hinein
enn ta	viel
bokou, boukou	viel
tapaz	Krach

> **dan** heißt eigentlich „in". In einigen Fällen wird es jedoch verwendet, um das exakte Gegenteil auszudrücken:
> **Mo met soulie dan mo lipie.**
> Ich *gebe* Schuhe *in* meinen Fuß.
> **Mo pran enn labier dan frizider.**
> Ich nehme ein Bier *im* Kühlschrank.

1.

Limem	**ki**	**finn**	**kwi**	**manze-la.**
er/sie selbst	*der/die*	*(Marker)*	*kochen*	*Essen-das*

Er/Sie hat das Essen selbst gekocht.

2.

Mo	**kontan**	**twa.**	**Samem**	**mo**	**aprann**	**Kreol**	**pou**	**twa.**
ich	*lieben*	*dich*	*das selbst*	*ich*	*lernen*	*Kreol*	*für*	*dich*

Ich liebe dich. Genau deshalb lerne ich Kreol für dich.

3.

Momem	**pou**	**zwenn**	**ou**	**dime**	**la-mem.**
ich selbst	*(Marker)*	*treffen*	*Sie*	*morgen*	*da genau*

Ich werde Sie morgen persönlich genau dort treffen.

4.

Marcel	**ek**	**Percy**	**zour**	**zot**	**kamarad.**
Marcel	*und*	*Percy*	*beleidigen*	*ihr*	*Freund*

Marcel und Percy beleidigen sich gegenseitig.

Wenn das Wörtchen **mem** nicht wär'…
Eigentlich bedeutet **mem** „selbst", doch es kann in verschiedenen Kontexten „gleich", „genau", „tatsächlich", „persönlich" oder „sogar" bedeuten. In Verbindung mit den Personalpronomina bildet es Reflexivpronomina. Beispiel: **Li pe get <u>limem</u>.** Er/ Sie guckt <u>sich</u> an.

Reflexiver Gebrauch von **mem**:

ich, mir, mich (selbst)	**momem**
du, dir, dich (selbst)	**tomem**
er, sie, es, sich, ihr, ihm (selbst)	**limem**
wir, uns (selbst)	**noumem**
ihr, euch, sie, sich (selbst)	**zotmem**
sie, sich (selbst)	**bann-la-mem**
Sie, sich (selbst)	**oumem**

Werden die deutschen Reflexivpronomina mit dem Zusatz „gegenseitig" verwendet, nutzt das Kreol anstelle von **mem** die Kombination „Possessivpronomen "+ **kamarad.**

wir… uns gegenseitig	**nou … nou kamarad**
ihr… euch gegenseitig sie… sich gegenseitig	**zot … zot kamarad**

Akzentuierender Gebrauch von **mem**:

genau dort genau hier	**la-mem** **isi-mem**
genau morgen, ab morgen genau jetzt, ab jetzt	**dime-mem** **aster la-mem**
es ist **tatsächlich** kaputt	li kase **mem**
der Minister (nicht sein Stellvertreter)	minis-la **mem**
genau das, genau deswegen Das ist es! Genau!	**samem** **Samem! / Samem sa!**
ich spreche **sogar** Kreol	**mem** Kreol mo koze

Training – Reflexivpronomina

Übersetzen Sie
1. Julian spricht mit sich selbst.
2. Wir helfen uns gegenseitig.
3. Dime nou pou zwenn isi-mem.
4. Mem Mahatma Gandhi ti vinn Moris.

> **Tipp:**
> Im mündlichen Gebrauch
> wird **mem** häufig zu **em**
> verkürzt!

Lösungen – Reflexivpronomina

1. Julian koz ar limem.
2. Nou ed nou kamarad.
3. Morgen werden wir uns genau hier treffen.
4. Sogar Mahatma Gandhi kam nach Mauritius.

Vokabular der zwanzigsten Etappe

kwi	kochen
zwenn	treffen, begegnen
zour, zoure	beleidigen, beschimpfen
kase	kaputt

1. **Samuel pe**   **bat-bate.**
    Samuel   (Marker)   *schlagen-schlagen*

    Samuel macht Gelegenheitsarbeiten.

2. **Enn   ros**   **gro-gro**   **e**   **enn**   **lagrin**   **disab**   **tipti-tipti.**
    ein   Stein   *dick-dick*   *und*   *ein*   *Korn*   *Sand*   *klein-klein*

    Ein Stein ist riesig und ein Sandkorn ist winzig.

3. **Mo   pe**   **rod**   **mo**   **palto.**   **Li**   **rouz-rouz.**
    ich (Marker)   *suchen*   *mein*   *Pullover.*   *er*   *rot-rot*

    Ich suche gerade meinen Pullover. Er ist rötlich.

4. **Bann-la   koz-koz**   **sa**   **depi**   **bokou**   **banane.**
    sie   sprechen-sprechen   *das*   *seit*   *viel*   *Jahre*

    Sie besprechen das seit Jahren immer mal wieder.

Ein produktives Verfahren der kreolischen Wortbildung ist die Reduplikation. Dabei werden Wörter wiederholt und bekommen dabei teilweise ganz neue Bedeutungen. Gerade bei Verben haben diese manchmal nicht mehr viel mit der Ausgangsbedeutung zu tun.
Meistens wird jedoch der wiederholende Aspekt der Handlung akzentuiert.
Leider gibt es bei den Reduplikationen keine Faustformel. Hier müssen Sie die einzelnen Möglichkeiten auswendig lernen.

Liverpool bat Manchester.   Liverpool schlägt Manchester.
Li bat-bate.   Er macht Gelegenheitsarbeiten.
Li rod so palto.   Sie sucht ihren Pullover.
Li rod-rode.   Sie sucht immer wieder.

In vielen Fällen stuft die Verbindung allerdings die Bedeutung des Ausgangswortes ab:

Mo palto zonn.   Mein Pullover ist gelb.
Foto-la finn vinn zonn-zonn.   Das Foto ist gelblich geworden.

Eine Reduplikation kann die Bedeutung jedoch nicht nur abschwächen, sondern auch verstärken:

Enn lisien tipti.   Ein Hund ist klein.
So bann zanfan tipti-tipti.   Seine Kinder sind winzig klein.

Training – Reduplikation

Übersetzen Sie
1. Ich wohne in dem gelblichen Haus.
2. Caroline sucht Naomi immer wieder.
3. To bizin koz Kreol dousman-dousman ar mwa.
4. Anou ale, vit-vit!

Lösungen – Reduplikation

1. Mo res lakaz zonn-zonn-la.
2. Caroline rod-rod Naomi.
3. Mit mir musst du sehr langsam Kreol sprechen.
4. Gehen wir ganz schnell!

Vokabular der einundzwanzigsten Etappe

koz-koze	quatschen; hin und wieder besprechen
bat, bate	schlagen
bat-bate	Gelegenheitsarbeiten machen (sich durchschlagen, *auch:* **trase**)
gro	dick
gro-gro	riesig, sehr dick
lagrin	Korn
disab	Sand
tipti	klein
tipti-tipti	winzig klein
rod, rode	suchen
palto	Pullover
rouz-rouz	rötlich
foto	Foto
zonn	gelb
zonn-zonn	gelblich

22. Schritt: **Avan, ki ti pou'nn dir?** *Was hätten wir vorher gesagt?*

1.

Nou	**ti finn**	**koumans**	**zwe**	**domino**	**tro**	**tar,**
wir	*(Marker)*	*anfangen*	*spielen*	*Domino*	*zu*	*spät*

Wir hatten zu spät mit dem Dominospielen begonnen,

nou	**pa'nn**	**resi**	**fini**	**nou**	**parti.**
wir	*nicht+(Marker)*	*schaffen*	*beenden*	*unser*	*Spiel*

sodass wir unser Spiel nicht beenden konnten.

2.

Afsheen	**pou'nn fini**	**koz**	**avek**	**Oorvashi,**
Afsheen	*(Marker)*	*sprechen*	*mit*	*Oorvashi*

Afsheen wird mit Oorvashi gesprochen haben,

avan	**ki**	**so**	**papa**	**pou**	**kone.**
bevor	*dass*	*ihr*	*Vater*	*(Marker)*	*erfahren*

bevor ihr Vater es erfahren wird.

Es heißt häufig, Kreolsprachen hätten keine Grammatik. Das stimmt natürlich nicht. Die verbexternen Marker vereinfachen zwar die Zeitenbildung, trotzdem ist es möglich, alle im Deutschen bekannten Tempora auszudrücken. So kann man zum Beispiel auch die Vorvergangenheit (Plusquamperfekt) und die vollendete Zukunft (Futur II) bilden. Dafür werden die vorhandenen Marker kombiniert:

Plusquamperfekt: Eine Handlung, die vor einer anderen Handlung in der Vergangenheit stattfand. Hier verwenden Sie die Kombination aus **ti + finn**; auch **ti'nn**. In einigen Fällen wird zur Verdeutlichung der Abgeschlossenheit der Handlung das Verb **fini** als eine Art Hilfsverb eingesetzt: **ti finn fini**; **ti'nn fini**

Nou ti'nn fek fini konstrir lakaz, samem nou nepli ti ena kas.
Wir hatten gerade das Haus gebaut, deswegen hatten wir kein Geld mehr.

Der Marker **fek** kann auch in diese Konstruktionen eingebaut werden.

Futur II: Eine Handlung, die vor einer anderen Handlung in der Zukunft abgeschlossen sein wird. Die Marker dafür sind: **pou finn fini**; auch zu **pou'nn fini** oder **pou fini** verkürzt.

Nou pou'nn fini ramas ase kas avan ki nou pou koumans konstrir lakaz.
Wir werden genug Geld gespart haben, bevor wir beginnen werden das Haus zu bauen.

Des Weiteren kann auch der Modus <u>Konditional II</u> zum Ausdruck von Wünschen, Hoffnungen, irrealen Aussagen und Bedingungssätzen (siehe 23. Schritt) verwendet werden.
Die entsprechenden Marker in der Gegenwart sind **ti pou** beziehungsweise **ti ava (ti'a)**.

Nou <u>ti'a</u> kontan <u>ramas</u> plis kas pou konstrir nou lakaz.
Wir <u>würden</u> gerne mehr Geld <u>sparen</u>, um unser Haus zu bauen

In der Vergangenheit wird zusätzlich **finn** angeschlossen: **ti pou finn**, kurz **ti pou'nn**

Nou <u>ti pou'nn</u> kontan <u>ramas</u> plis kas pou konstrir nou lakaz.
Wir <u>hätten</u> gerne mehr Geld <u>gespart</u>, um unser Haus zu bauen.

Training – Zusammengesetzte Zeiten

Übersetzen Sie
1. Jens und Steffi werden gegessen haben, wenn ihr Kind nach Hause kommen wird.
2. Hamid und Nora werden Domino gespielt haben, bevor sie an den Strand gehen.
3. Michelle würde gerne tanzen, aber sie ist krank.
4. Li ti pou'nn kontan danse, me selman li ti malad.
5. Dirk ti finn travay bokou pou li ti kapav al Moris.
6. Jean-Claude pa ti finn kone kouma lanez ete avan ki li ti Lalmagn.

Lösungen – Zusammengesetzte Zeiten

1. Jens ek Steffi pou'nn fini/ pou finn fini manze kan zot zanfan pou vinn lakaz.
2. Hamid ek Nora pou fini zwe domino, avan ki zot pou al laplaz.
3. Michelle ti ava/ ti'a kontan danse, me selman li malad.
4. Sie hätte gerne getanzt, aber sie war krank.
5. Dirk hatte viel gearbeitet, um nach Mauritius fahren zu können.
6. Jean-Claude hatte nicht gewusst, wie sich Schnee anfühlt, bevor er in Deutschland war.

Vokabular der zweiundzwanzigsten Etappe

koumans, koumanse	beginnen; anfangen
domino	Domino(spiel)
resi	schaffen; erreichen
parti	Spiel; Partie
avan ki	bevor
konn, kone	erfahren
konstrir	bauen
ramas kas	(Geld) sparen

1.

Si	**mo**	**ti**	**ena**	**kas,**
falls	*ich*	*(Marker)*	*haben*	*Geld*

Wenn ich Geld hätte,

mo	**ti**	**pou**	**aste**	**enn**	**lakaz**	**piedanlo.**
ich	*(Marker)*		*kaufen*	*ein*	*Haus*	*Füße im Wasser*

würde ich ein Haus am Strand kaufen.

2.

Si	**yer**	**pa**	**ti'nn**	**ena**	**lapli,**
falls	*gestern*	*nicht*	*(Marker)*	*haben*	*Regen*

Wenn es gestern nicht geregnet hätte,

nou	**ti**	**pou**	**finn**	**al**	**set**	**kaskad.**
wir	*(Marker)*		*(Marker)*	*gehen*	*sieben*	*Wasserfall*

wären wir zu den sieben Wasserfällen gegangen.

3.

Si	**zot**	**revinn**	**Moris,**	**nou**	**pou**	**rezwenn.**
falls	*ihr*	*wiederkommen*	*Mauritius*	*wir*	*(Marker)*	*wiedertreffen*

Wenn ihr wieder nach Mauritius kommt, können wir uns wiedertreffen.

Bedingungssätze sind in allen Sprachen ein besonderes Hindernis. In einer der Königsdisziplinen der Grammatik können Sie sehen, ob Sie auch die kleinen Nuancen einer Sprache beherrschen. Auch im Mauritius-Kreol gibt es dabei genaue Zeitabfolgen.

a. Si + Präsens (**Ø / pe**), Futur (**pou**)
   Si mo gagn letan, mo pou vini.
   Wenn ich Zeit habe, werde ich kommen.

b. Si + Vergangenheit (**ti**), Konditional II (**ti pou**)
   Si mo ti gagn letan, mo ti pou vini.
   Wenn ich Zeit hätte, würde ich kommen.

c. Si + Vorvergangenheit (**ti finn**), Konditional II (**ti pou finn**)
   Si mo ti'nn gagn letan, mo ti pou'nn vini.
   Wenn ich Zeit gehabt hätte, wäre ich gekommen.

Training – Konditionalsätze

Übersetzen Sie
1. Wenn es stark regnet, spielen Mauritier kein Fußball.
2. Wenn Sandra mehr Geld hätte, käme sie öfter nach Mauritius.
3. Wenn ich das gewusst hätte, hätte ich in der *tabazi* gegessen.
4. Si Monika aprann koz Kreol, li pou enn vre Morisienn.
5. Si mo pa ti finn travay dir, mo pa ti pou finn kapav revinn Moris.

Lösungen – Konditionalsätze

1. Si ena gro lapli, bann Morisien pa zwe foutborl.
2. Si Sandra ti ena plis kas, li ti pou vinn Moris pli souvan.
3. Si mo ti finn konn sa, mo ti pou finn manz dan tabazi.
4. Wenn Monika lernt Kreol zu sprechen, wird sie eine richtige Mauritierin sein.
5. Wenn ich nicht hart gearbeitet hätte, hätte ich nicht wieder nach Mauritius kommen können.

Vokabular der dreiundzwanzigsten Etappe

ariv, arive	passieren, ankommen
lakaz piedanlo	Haus am Strand
set	sieben
kaskad	Wasserfall
revinn, revini	wiederkommen
rezwenn	wiedertreffen
letan	Zeit

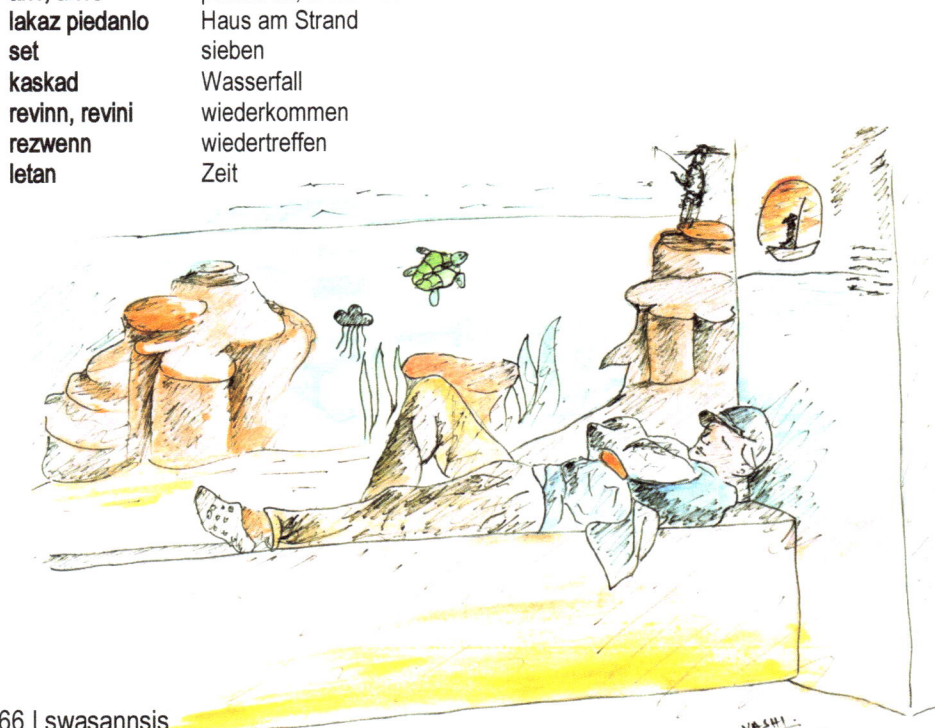

ANOU KOZE!

In diesem Teil Ihres Sprachführers finden Sie verschiedene Alltagskonversationen, wie Sie Ihnen auf Mauritius begegnen könnten. Neben einem Beispielgespräch finden Sie Tabellen mit nützlichen Wörtern und Ausdrücken, um genau das ausdrücken zu können, was Sie sagen möchten!

1. Erste Schritte — 1.1 Die Begrüßung

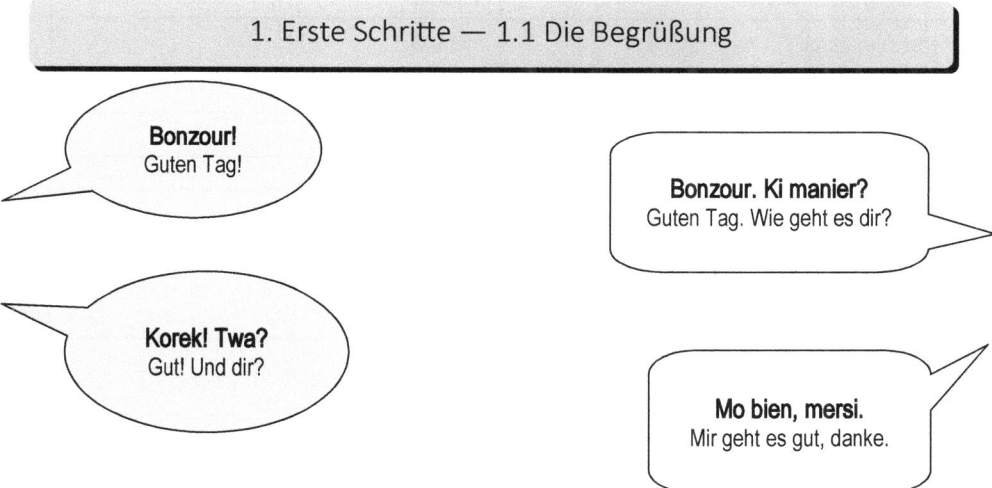

Bonzour!
Guten Tag!

Bonzour. Ki manier?
Guten Tag. Wie geht es dir?

Korek! Twa?
Gut! Und dir?

Mo bien, mersi.
Mir geht es gut, danke.

So ungefähr könnte Ihre erste Unterhaltung mit einem Mauritier oder einer Mauritierin aussehen. In der Regel müssen Sie mit Mauritiern gar nicht erst „das Eis brechen"! Falls doch, versuchen Sie es einfach mit einem freundlichen **Bonzour! Ki manier?**
Männer geben sich zur Begrüßung im Normalfall die Hand (**shekenn**). Zwischen Mann und Frau oder zwei Frauen ist ein Küsschen links und ein Küsschen rechts üblich (**fer labiz; zwenn**).

Guten Morgen / Guten Tag	**Bonzour**
Guten Abend	**Bonswar**
Hallo (eher am Telefon)	**Alo**
Wie geht es dir / Ihnen?	**Ki manier?**
Wie geht's?	**Ki pozision?**
Wie geht's, wie steht's?	**Ki pe dir?**
Alles klar?	**(Tou) korek?**
Gut! / Alles klar!	**Korek!**
Mir geht es gut!	**Mo bien!**

So wie im Deutschen werden auch auf Kreol unbekannte und ältere Gesprächspartner gesiezt. Die Höflichkeitsform lautet **ou** (Sie) und ersetzt das familiäre **to** (du). Im Folgenden werden wir in unseren Beispielen entweder **to** oder **ou** verwenden. Im Plural sagen Sie immer **zot**, ganz egal, ob Sie Ihre Gegenüber siezen oder duzen. Wenn Sie besonders freundlich sein möchten, beenden Sie Ihre Sätze mit **misie** (mein Herr) oder **madam** (meine Dame).

(meine) Frau, Dame	**madam**
(mein/e) junge Dame; Fräulein	**mamzel**
(mein) Herr	**misie**
alle zusammen	**tou dimounn**

Sie (Ihr, Ihre, Ihnen…)	**ou**
du (dein, dich, dir…)	**to (twa)**
ihr / Sie *(Plural)* (euer, Ihr…)	**zot**

Erklärungen zum Gebrauch der Pronomina finden Sie auf den Seiten 21, 28 und 43.

1. Erste Schritte — 1.2 Die Verabschiedung

Mersi zot finn vini.
Vielen Dank für Ihren/Euren Besuch!
Enn lot kout nou zwenn!
Bis zum nächsten Mal!

Orevwar!
Auf Wiedersehen!

Salam!
Ciao!

Ale bye!
Tschüss!

Ich muss (nun leider) gehen.	Mo bizin ale (aster, malerezman).
Auf Wiedersehen!	Orevwar!
Bis gleich!	Taler nou zwenn!
Bis morgen!	Demin nou zwenn!
Bis nächste Woche!	Semenn prosenn nou zwenn!
Bis später!	Plitar nou zwenn!
Bis zum nächsten Mal!	Enn lot kou/ kout (nou zwenn)!
Ciao!	Salam!
Tschüss!	Ale bye!; Babay!
Wir sehen uns!	Nou zwenn!
Gute Nacht!	Bonn nwi!
Schlaf(t) gut! / Schlafen Sie gut!	Fer de bo rev!
Ich hoffe, dass wir uns wiedersehen!	Mo espere (ki) nou pou (re)zwenn!

Bye kommt aus dem Englischen und behält daher die englische Schreibweise bei (Aussprache: [baɪ]). Der Ausdruck **nou zwenn** bedeutet wörtlich „wir treffen uns" und kann mit der jeweils gewünschten Zeitangabe kombiniert werden.

Montagn lion dan sid-es Moris

Der Löwenberg im Südosten von Mauritius

Kisann-la to ete?
Wer bist du?

Mo apel Simone
Ich heiße Simone
ek twa, kouma to apele?
und du, wie heißt du?

Mo apel Ginette.
Ich heiße Ginette.
Ki laz to ena?
Wie alt bist du?

Mo ena 30 (trant) an.
Ich bin 30 Jahre alt.

sich vorstellen	**prezant**
heißen	**apel, apele**
sein Alter angeben	**dir so laz**
Name	**nom**
Alter	**laz**

Wer sind Sie?	**Kisann-la ou ete?**
Wie heißen Sie?	**Kouma ou apele?**
Ich heiße…	**Mo apel…**

Wie alt sind Sie?	**Ki laz ou ena?**
Ich bin… Jahre alt.	**Mo ena … an.**

null		zero	

eins	**enn**	elf	**onz**
zwei	**de**	zwölf	**douz**
drei	**trwa**	dreizehn	**trez**
vier	**kat**	vierzehn	**katorz**
fünf	**sink**	fünfzehn	**kinz**
sechs	**sis**	sechzehn	**sez**
sieben	**set**	siebzehn	**diset**
acht	**wit**	achtzehn	**dizwit**
neun	**nef**	neunzehn	**diznef**
zehn	**dis**	zwanzig	**vin**

einundzwanzig	**vint-e-enn**
zweiundzwanzig	**vennde**
dreiundzwanzig	**venntrwa**
vierundzwanzig	**vennkat**
fünfundzwanzig	**vennsink**
sechsundzwanzig	**vennsis**
siebenundzwanzig	**vennset**
achtundzwanzig	**vintwit**
neunundzwanzig	**vintnef**
dreißig	**trant**

Das komplizierte Zahlensystem kommt aus dem Französischen: Bis 69 gibt es eigene Wörter. Um 70 bis 79 auszudrücken wird 60 + 10 bis 19 gezählt. Für 90 bis 99 zählt man dementsprechend 80 + 10 bis 19.
Zum Glück ist wenigstens das Zählen an sich nicht kompliziert: **vennde** (*zwanzig-zwei*), **venntrwa** (*zwanzig-drei*)...

vierzig	**karant**	zweihundert	**de-san**
fünfzig	**sinkant**	dreihundert	**trwa-san**
sechzig	**swasant**	vierhundert	**kat-san**
siebzig	**swasann-dis**	fünfhundert	**sink-san**
einundsiebzig	**swasant-e-onz**	sechshundert	**sis-san**
achtzig	**katrovin**	siebenhundert	**set-san**
neunzig	**katrovin-dis**	achthundert	**wit-san**
hundert	**san**	neunhundert	**nef-san**
hunderteins	**san-enn**	tausend	**mil**

tausendeinhundert	mil san
tausendfünfhundert	mil sink-san
tausendfünfhundertfünfzig	mil sink-san sinkant
tausendfünfhundertfünfundfünfzig	mil sink-san sinkant-sink
zweitausend	de-mil
fünftausend	sink-mil
zehntausend	dis-mil
hunderttausend	san-mil
eine Million	enn milyon
eine Milliarde	enn milyar

Die Ordnungszahlen:

erste, erster, erstes	premie
zweite, zweiter, zweites	deziem; segon
dritte, dritter, drittes	trwaziem
vierte, vierter, viertes	katriem
fünfte, fünfter, fünftes	sinkiem
sechste, sechster, sechstes	siziem
siebte, siebter, siebtes	setiem
achte, achter, achtes	witiem
neunte, neunter, neuntes	neviem
zehnte, zehnter, zehntes	diziem

In diesem Kapitel finden Sie einige grundlegende Sätze für ein gelungenes Gespräch. Weitere Erklärungen zu Fragen und Antworten finden Sie auf den Seiten 23 - 25.

Sich entschuldigen:

sich entschuldigen	**exkiz, exkize**
Entschuldigung!	**Sori!**
Entschuldige(n Sie) mich!	**Exkiz-mwa!**
Es tut mir leid.	**Mo sori.**
Verzeihung!	**Pardon!**

Bitte/Danke:

bitte (siezen) bitte (duzen)	**siouple; silvouple** **silteple**
Danke!	**Mersi!**
Vielen Dank!	**Mersi bokou!**
Bitte!; Gern geschehen!	**Derien!; Padkwa!**
Kein Problem!; Keine Ursache!	**Pena problem!; Pena traka!**
bitten	**demann, demande**
danken	**remersie**

Einverständnis/Ablehnung:

Sind Sie einverstanden?	**Eski ou dakor?**
zustimmen	**dakor**
ablehnen	**refiz, refize**
ja	**wi**
nein	**non**
okay, einverstanden	**dakor**
vielleicht	**kitfwa; kapav**
Ich bin nicht einverstanden.	**Mo pa dakor.**

Verständnisschwierigkeiten:

Ich habe Sie nicht verstanden.	Mo pa'nn konpran.
Was heißt ... auf Kreol/ Deutsch?	Ki ... vedir an Kreol/ Alman?
Wie sagt man ... auf Kreol?	Kouma ou dir ... an Kreol?
Wie nennt man das auf Kreol?	Kouma sa kiksoz-la apele an Kreol?
Bitte sprechen Sie nicht so schnell!	Pa koz tro vit, siouple!
Könnten Sie bitte langsam sprechen?	Eski ou ti'a kapav koz dousman-dousman, siouple?
Könnten wir bitte Englisch/ Französisch/ Deutsch sprechen?	Eski nou ti'a kapav koz Angle/ Franse/ Alman, siouple?
Könnten Sie das bitte wiederholen?	Eski ou ti'a kapav repete, siouple?

verstehen	konpran
nicht verstehen	pa konpran
wiederholen	repet, repete
übersetzen	tradir
(sehr) langsam	dousman(-dousman)
langsamer	pli dousman
helfen	ed, ede
zeigen	montre

Könnten Sie mir bitte helfen?	Eski ou ti'a kapav ed mwa, siouple?
Können Sie mir zeigen, wo ... ist?	Eski ou kapav montre mwa kot ... ete?
Wie macht man das?	Kouma fer sa, siouple?

Könnten Sie das kurz halten?	Eski ou kapav tini sa, siouple?
Können Sie ein Foto von mir machen?	Eski ou kapav tir mo foto?
Würdest du ein Foto von uns machen?	Eski to kav tir nou foto?
Können Sie kurz auf ... aufpassen?	Eski ou kapav vey ... enn ti moman?
Wo sind die nächsten Toiletten?	Kot twalet trouve?

Kot zot sorti?
Wo kommt ihr her?

Mo sorti Lotris.
Ich komme aus Österreich.
Mo kamarad Petra sorti Lalmagn.
Meine Freundin Petra kommt aus
Deutschland.

Zot pe res lotel la?
Wohnt ihr hier in einem Hotel?

Non. Nou pe res dan enn tipti
Nein. Wir wohnen in einer kleinen
lapartman *Flic en Flac* la.
Wohnung in *Flic en Flac*.

Woher kommen Sie?	**Kot ou sorti?**
Ich komme aus…	**Mo sorti …**
Ich bin… Deutsche(r), Österreicher(in), Schweizer(in)	**Mo enn… Alman, Otrisien, Swis**
Ich habe Vorfahren aus… Polen, der Türkei, Afrika.	**Mo anset sorti… Pologn, Tirki, Lafrik.**
Wo wohnen Sie?	**Kot ou reste?**
Ich wohne in…	**Mo res …**
Wo ist/ liegt das?	**Kot sa ete?**
Das liegt in der Nähe von…	**Li pre ar/ avek/ ek …**

Herkunftsbezeichnungen:

Afrika	Lafrik
Afrikaner/in	Afrikin
Amerika, USA	Lamerik, Eta-zini
Amerikaner/in	Amerikin
Europa	Lerop
Europäer/in	Eropeen
Asien	Lazi
Asiate/ Asiatin	Aziatik
Belgien	Belzik
Belgier/in	Belz
England	Langleter
Engländer/in	Angle
Frankreich	Lafrans
Franzose/ Französin	Franse
Griechenland	Lagres
Grieche/ Griechin	Grek
Italien	Litali
Italiener/in	Italyin
Liechtenstein	Liechtenstein
Liechtensteiner/in	zabitan Liechtenstein
Luxemburg	Liksambour
Luxemburger/in	Liksambourzwa
Österreich	Lotris
Österreich/in	Otrisien
Polen	Pologn
Pole/ Polin	Polone
Russland	Risi
Russe/ Russin	Ris
Schweiz	Laswis
Schweizer/in	Swis
Türkei	Tirki
Türke/ Türkin	Tirk

Klaus, ki travay to fer
Klaus, welchen Beruf hast du
dan Lalmagn?
in Deutschland?

Mo enn klark dan
Ich bin kaufmännischer Angestellter
enn kompani kouran. Twa?
eines Stromanbieters. Und du?

Mo pena travay fix.
Ich habe keinen festen Job.
Mo trase...
Ich schlag mich so durch...

Ich bin...	Mo enn...
Anwalt/ Anwältin	**avoka**
Arzt/ Ärztin	**dokter/ doktores**
Beamter/ Beamtin	**fonksioner**
(Unternehmens)berater/in	**konsiltan (pou bann konpani)**
Buchhalter/in	**kontab**
Elektriker/in	**elektrisien/ elektrisienn**
Fischer/in	**peser**
Gärtner/in	**zardinie/ zardinier**
Gastronom/in	**restorater**
Hausmädchen; Haushaltshilfe	**bonn**
Informatiker/in	**informatisien**
Ingenieur/in	**inzenier**
Journalist/in	**zournalis**
kaufmännische(r) Angestellte(r)	**klark**
Kellner/in	**server/ servez**
Koch/ Köchin	**kwizinie**

Lagerist/in	storkiper
Landwirt/in	fermie; agrikilter; elver
Lehrer/in	profeser
Polizist/in	lapolis
Rentner/in	pansioner
Schüler/in	ekolie; etidian
Sozialarbeiter/in	travayer sosial
Student/in	etidian
Taxifahrer/in	sofer taxi
Techniker/in	teknisien
Verkäufer/in	vander/ vandez
Wachmann	gardien
Zahnarzt/ Zahnärztin	dantis

Ich arbeite in / im ...	Mo travay dan (enn)...
Tourismus	tourism
Bankwesen	sistem banker
Bildungswesen	ledikasion
Einzelhandel	komers
Firma; Konzern; Unternehmen	konpani
Flughafen	laeropor
Hotelwesen	lotelri
Krankenhaus	lopital
Rechnungswesen	kontabilite
Wirtschaft	finans
...-industrie	lindistri ...
Unterhaltungsindustrie (Musik; Kino; Theater)	lamizik; sinema; teat
Versicherungswesen	lasirans

Beruf; Arbeit	metie; travay
arbeiten	travay
arbeitslos/ arbeitssuchend sein	somer; pena travay
studieren	etidiye
eine Ausbildung machen	fer enn formasion
sich durchschlagen	tras, trase
Gelegenheitsarbeiten machen	bat-bat, bat-bate

Die mauritische Arbeitswelt unterscheidet sich deutlich von der mitteleuropäischen. Hin und wieder werden Sie sich vielleicht verwundert die Augen reiben, denn einige mauritische Berufe sind in Europa aus der Mode gekommen. Hier verkauft der **kontroler** (Schaffner) noch jedem Fahrgast im Bus seinen Fahrschein und der Liftboy drückt für Sie im Fahrstuhl den Knopf.

1. Erste Schritte —1.8 Die Zeit

Sori. Ki ler la?
Entschuldigung. Wie spät ist es (gerade)?

Mo pena mont
Ich habe keine Uhr
me mo krwar si-z-er parla la
aber ich denke gegen sechs Uhr,
akoz soley pe kouse.
da die Sonne gerade untergeht.

Wie spät ist es?/ Wie viel Uhr haben wir?	Ki ler la?
Könnten Sie mir die Uhrzeit sagen?	Sori, eski ou kapav dir mwa ki ler la?
Ich habe keine Uhr.	Mo pena mont.
Könnten Sie mich um... Uhr wecken?	Eski ou ti'a kapav lev mwa ... er?

jemanden wecken	lev, leve + enn dimounn (mwa, twa, li, nou, ou, zot)
aufwachen	lev, leve
ins Bett gehen; schlafen gehen	al dormi

Die Uhr:

Es ist...	Se...
1 Uhr (morgens) 1 Uhr (nachmittags)	**enn-er / inn-er (dimatin / gramatin)** **enn-er / inn-er (tanto / lapremidi)**
2 Uhr / 14 Uhr	**de-z-er**
3 Uhr / 15 Uhr	**trwa-z-er**
4 Uhr / 16 Uhr	**kat-r-er**
5 Uhr / 17 Uhr	**sink-er**
6 Uhr (morgens) 6 Uhr (abends) / 18 Uhr	**si-z-er (dimatin)** **si-z-er (diswar / aswar)**
7 Uhr / 19 Uhr	**set-er**
8 Uhr / 20 Uhr	**wit-er**
9 Uhr / 21 Uhr	**nef-er**
10 Uhr / 22 Uhr	**di-z-er**
11 Uhr / 23 Uhr	**onz-er**
12 Uhr (Mittag)	**midi**
0 Uhr / 24 Uhr (Mitternacht)	**minwi**
11:05 Uhr	**onz-er sink**
11:10 Uhr	**onz-er dis**
11:15 Uhr	**onz-er kinz / onz-er-e-kar**
11:30 Uhr	**onz-er-edmi**
11:45 Uhr / 23:45 Uhr	**midi mwin kinz / minwi mwin kinz**
11:50 Uhr	**midi mwin dis**

Uhrzeiten werden immer von 1 bis 11 angegeben und nur wenn es nicht durch den Kontext klar ist mit einem Zusatz präzisiert: **di-z-er dimatin** (10 Uhr morgens). Für 12 Uhr mittags, **midi** und 12 Uhr nachts, **minwi**, gibt es jeweils ein eigenes Wort.

Sekunde	segonn
Minute	minit
Stunde	lertan
Tag *(in seinem Verlauf)*; tagsüber	zour zourne
Abend *(in seinem Verlauf)*	aswar lasware
Woche	semenn
Wochenende	wikenn
Monat	mwa
Jahr *(in seinem Verlauf)*	an lane, banane

Der Unterschied zwischen *zour* und *zourne* wird am besten beim Gebrauch der Grußformeln deutlich. Treffen Sie jemanden, so grüßen Sie mit *bonzour!* (also Guten Tag!). Verabschieden Sie sich wieder, so verwenden Sie hingegen *bonnzourne!* („Schönen Tag noch!"), denn Sie beziehen sich auf den gesamten weiteren Verlauf des Tages.

Weitere Beispiele:
Ich bin 65 <u>Jahre</u> alt.
Monika wohnt seit 13 <u>Jahren</u> auf Mauritius.
Dieses <u>Jahr</u> regnet es viel.

Mo ena swasannsink <u>an</u>.
Monika res Moris depi trez <u>banane</u>.
Sa <u>lane</u>-la bokou lapli pe tonbe.

vor; vorher; davor	avan
nach; nachher; danach	apre
immer	toultan
zu jeder Zeit	atouler
von morgens bis abends	gramatin-tanto
oft	souvan
manchmal	parfwa; defwa
ab und zu; von Zeit zu Zeit	parfwa; tanzantan
selten	rarman
nie	zame

Tageszeiten:

morgens; Morgen	gramatin
mittags; Mittag	midi
nachmittags; Nachmittag	tanto
abends; Abend	dan lasware; aswar
nachts; Nacht	lanwit
Mitternacht	minwi
beim Sonnenaufgang	kan soley leve
beim Sonnenuntergang	kan soley kouse

heute	zordi
gestern	yer
vorgestern	avan-t-yer
morgen	dime; dimin
übermorgen	apre-dime; apre-dimin
letzte Woche letzten Monat letztes Jahr	semenn pase; semenn dernier mwa dernie lane dernier
diese Woche diesen Monat dieses Jahr; heuer	sa semenn-la sa mwa-la sa lane-la
nächste Woche nächsten Monat nächstes Jahr	semenn prosenn mwa prosin lane prosenn
jeden Tag jede Woche jeden Monat jedes Jahr	toulezour; sak zour sak semenn sak mwa sak lane

in 14 Tagen; in zwei Wochen	dan kinz zour
jeden zweiten Tag	toule de zour
alle zwei Jahre	toule de-z-an
letztes Mal; beim letzten Mal	lot fwa-la

Wochentage:

> **Kan ena bazar _Quatre Bornes_?**
> An welchen Tagen ist Markt in _Quatre Bornes_?

> **Dan Zedi ek dan Dimans.**
> Immer donnerstags und sonntags.

> **Me selman fode pa bliye ki**
> Aber denk daran, dass
> **sa Dimans-la enn konze piblik.**
> diesen Sonntag Feiertag ist.
> **Nou pou fet _Ganesh Chaturti_.**
> Wir feiern _Ganesh Chaturti_.

Wochentag	zour lasemenn
Feiertag	konze (piblik)
Wochenende	wikenn

Jeden...	Dan...
Montag	Lindi
Dienstag	Mardi
Mittwoch	Merkredi
Donnerstag	Zedi
Freitag	Vandredi
Samstag, Sonnabend	Samdi
Sonntag	Dimans

Mauritius hat 15 **konze piblik** (Feiertage) im Jahr. Neben Neujahr (1. und 2. Januar), dem Unabhängigkeitstag (12. März) und dem Tag der Arbeit (1. Mai) gibt es eine Vielzahl von Feiertagen für die verschiedenen Ethnien (Abschaffung der Sklaverei am 1. Februar, Ankunft der ersten indischen Einwanderer am 2. November und Chinesisches Frühlingsfest im Februar). Außerdem gibt es die Feste der verschiedenen Religionen, die sich mit den Mondphasen von Jahr zu Jahr verschieben (Ostern, Divali, Eid-Ul-Fitr, Thaipoosam Cavadee, Ougadi, Ganesh Chaturti, Shivatree und so weiter).

Kavadi ek Ganesh Chaturti bann konze piblik dan Moris

Cavadee und *Ganesh Chaturti* sind Feiertage auf Mauritius

Das Jahr:

Kan to laniverser?
Wann hast du Geburtstag?

Mo laniverser levin Zanvie.
Ich habe am 20. Januar Geburtstag.
Dan Lalmagn liver an Zanvie.
In Deutschland ist dann Winter.

Dan Moris liver kan
Auf Mauritius ist Winter, wenn
dan Lalmagn lete!
in Deutschland Sommer ist!

Frühling	**printan**
Sommer	**lete**
Herbst	**lotonn**
Winter	**liver**

Auf Mauritius gibt es nur **lete** und **liver**. Im mauritischen Sommer (November bis April) kann es im Indischen Ozean auch zu Zyklonen kommen. Wenn Sie im mauritischen Winter Einheimische mit Wollmützen sehen sollten, braucht Sie dies aber nicht zu beunruhigen: Mauritier haben für gewöhnlich ein anderes Kälteempfinden als Europäer.

Im...	An...
Januar; Jänner	**Zanvie**
Februar	**Fevriye**
März	**Mars**
April	**Avril**
Mai	**Me**
Juni	**Zin; Zwin**
Juli	**Ziyet; Zilie**
August	**Out**
September	**Septam**
Oktober	**Oktob**
November	**Novam**
Dezember	**Desam**

Auch wenn in allen Hotels standardmäßig Englisch und Französisch gesprochen wird, besteht durchaus die Möglichkeit, dass Sie erste Gesprächspartner finden und Ihr Kreol testen können.

Probieren Sie es einfach:

Bonzour. Mo finn reserv enn lasam.
Guten Tag. Ich habe ein Zimmer reserviert.
Mo apel madam Berger.
Ich heiße Frau Berger.

Bonzour madam ek misie Berger.
Guten Tag, Frau und Herr Berger.
Nou espere ki ou
Wir hoffen, dass Sie
vwayaz inn bien pase.
eine angenehme Reise hatten.

Wi, mersi. Me selman nou mari
Ja, danke. Aber wir sind sehr
kontan ki nou'nn anfin arive!
glücklich endlich angekommen zu sein!

Ou lasam port nimero 147 (san-karannset)
Ihr Zimmer hat die Nummer 147
ek li dan koulwar wes lotel dan premie etaz.
und es liegt im Westflügel des Hotels in der ersten Etage.

Top! Eski li gagn enn lavi lor lamer?
Toll! Hat es denn Meerblick?
Kan nou pou al dan lasam-la?
Und wann können wir auf das Zimmer?

Wi, depi balkon-la
Ja, vom Balkon aus
ou kapav trouv lamer.
können Sie das Meer sehen.

Lasam-la finn pare.
Das Zimmer ist bereits fertig.
Si ou le nou garson pou amenn ou.
Wenn Sie möchten begleitet Sie ein Page.

Oubien ou prefer bwar enn koktel ek
Oder Sie genießen noch einen Cocktail während
nou amenn ou bagaz dan lasam.
Ihr Gepäck schon aufs Zimmer gebracht wird.

Serye. Nou pran koktel-la, alor!
Super. Dann trinken wir erst noch den Cocktail!

Pena problem. Asize!
Kein Problem. Setzen Sie sich!
Mo signal bar la.
Ich gebe an der Bar Bescheid.

Mersi bokou! Me selman mo prefer
Vielen Dank! Für mich bitte
enn koktel san zalkol, siouple.
nur einen alkoholfreien Cocktail.

Dakor. Si ou ena bann
Okay. Wenn Sie noch weitere
kestion, nou pou ed ou
Fragen haben, stehen wir Ihnen
nimport ki ler.
jederzeit zur Verfügung.

Mersi. Mari sinpa sa.
Danke. Das ist sehr freundlich.

Hier finden Sie einige Wörter, die Sie brauchen können, um sich im Hotel zurecht zu finden.

ankommen	**ariv, arive**
auschecken	**peye pou ale**
einchecken	**prezant lotel**
eine Frage haben	**ena enn kestion**
helfen	**ed, ede**
nachfragen	**dimann enn rensegnman**
reservieren	**rezerve**

Kinderbetreuung	**kids club** (engl.)
Liege	**tranzat**
Lobby	**lobi**
Pool	**pisinn**
Handtuch	**serviet**
Restaurant	**restoran**
Sonnenschirm	**parasol**
Strand	**laplaz**

Bademeister	**metnazer**
Barkeeper/in	**barman/ barmaid** (engl.)
Beach-boy	**beach boy** (engl.)
Handwerker	**zom maintenance**
Hotelpage	**porter bagaz; garson**
Kellner(in)	**server; servez**
(Chef-)Koch	**(sef)kwizinie**
Putzfrau	**famdemenaz**
Reiseleitung	**gid touristik**
Veranstalter	**tour-operater**

Hotel	lotel
Balkon	teras
Bar	bar
Etage	etaz
Gepäck	bagaz
Klimaanlage	erkonn
Koffer	valiz
Meerblick	kapav trouv lamer
Reservierung	rezervasion
Rezeption	resepsion
Rezeptionist(in)	resepsionis
Zimmer	lasam
Zimmernummer	nimero lasam

Bonzour! Ena fourmi dan mo lasam!
Hallo! In meinem Zimmer sind Ameisen!

Sori! Nou pou
Entschuldigung! Wir werden
regle ou problem toutswit.
uns sofort um Ihr Problem kümmern!

Mersi! Apre mo bizin bann lezot serviet.
Danke. Außerdem brauche ich neue Handtücher.

Avan de-z-er nou pou
Noch vor zwei Uhr werden wir
amenn ou serviet.
Ihnen neue Handtücher bringen.

Sinon, tou korek apart sa?
Ist sonst alles in Ordnung?

Wi, mersi! Tou korek.
Ja, danke! Es ist alles bestens.

brauchen	bizin
ein Problem haben	ena enn problem
kaputt/ defekt sein	kase
nicht funktionieren	pa fonksione
sich beschweren	plegn, plegne
sich um etwas kümmern	regle

In meinem Zimmer...	Dan mo lasam...
ist die Klimaanlage defekt.	erkonn kase.
ist es schmutzig.	ena salte.
sind Ameisen / Kakerlaken / Insekten.	ena fourmi / kankrela / bebet.
geht das Wasser / der Strom nicht.	pena dilo / kouran.

Enn lavi lor Coin de Mire

Blick auf die Coin de Mire

Bonswar!
Guten Abend!

Bonswar!
Guten Abend!
Enn latab pou de dimounn, siouple!
Einen Tisch für zwei Personen, bitte!

Swiv mwa siouple!
Folgen Sie mir bitte!
Ki zot le bwar?
Was möchten Sie trinken?

Nou pou pran enn labier
Wir nehmen ein Bier
ek enn boutey dilo, siouple!
und eine Flasche Wasser, bitte!

Zot inn deside
Haben Sie schon entschieden
ki zot pou manze?
was Sie essen möchten?

Wi, mo pou pran enn minn frir.
Ja, ich nehme *minn frir* (Gebratene Nudeln).

Dakor! Ek ou, ki ou pou pran?
Einverstanden. Und Sie, was nehmen Sie?

Mwa, mo pou pran enn bol ranverse!
Ich nehme *bol ranverse* (Reisgericht).

Eski zot le piman?
Möchten Sie Chili dazu?

Wi, me zis enn tigit.
Ja gern, aber nur ein bisschen.

bestellen	pas komann
(sich) entscheiden	desid, deside
essen	manz, manze
fehlen	mank, manke
möchten	oule, le
nehmen	pran
trinken	bwar
(aus)wählen	swazir, swazire

Aroma	arom
für... Personen	pou... dimounn
Gabel	fourset
Gericht	manze; pla
Geruch	parfin
Geschmack	gou
Getränk	labwason
Glas	ver
Hauptgericht	pla prinsipal
Löffel	kouyer; kwiyer
Messer	kouto
Nachspeise; Dessert	deser
Speisekarte	meni
Tisch	latab
Vorspeise	lantre

Abendessen	dine
Aperitif	apero
Frühstück	ti-dezene
Mittagessen	dezene
Zwischenmahlzeit am Nachmittag	dite

Essen; Speisen	bann manze
Brot	dipin
Butter	diber
Chili	pima; piman
Ei	dizef
Fingerfood	gajak
Fisch (Kapitäns-; Thun-; Schwertfisch; Lachs)	pwason (kapitenn; ton; marlin; somon)
Fleisch (Rind; Hühnchen; Schwein)	laviann (bef; poule; pork)
frittierte Zutaten in Öl und Gewürzen	vinnday (pwason; laviann)
gebratene chinesische Nudeln	minn frir
gekochte chinesische Nudeln	minn boui
Gemüsepfanne	chop soy
Gewürz	zepis
Honig	dimiel
indisches Curry	kari
Käse	fromaz
Mousse au Chocolat	lamous sokola
Nudeln (Spaghetti, chinesische Nudeln)	pat (spageti, minn)
Obst	frwi, fri
Pfeffer	pwavron nwar
Pommes frites	chips
Reis	diri
Reisgericht mit Ei und Gemüse	bol ranverse
Salat	salad
Salz	disel
Snack	gonaz
Soße	satini
vegetarisch	vezetarien
Zucker	disik

Auf jeder Insel bilden Meeresfrüchte eine wichtige Komponente auf dem Speiseplan. Die mauritische Küche macht da keine Ausnahme:

Meeresfrüchte	fridmer; fridemer
Auster	zwit
Flusskrebs	krevis
Jakobsmuschel	kokiy Saint-Jacques
kleiner Flusskrebs	sevret
Krabbe	krevet
Krebs	krab
Languste	langous; kamaron
Miesmuschel	moul
Seeigel	oursin
Tintenfisch; Calamares	ourit; kalamar
Tintenfischsalat	salad zourit

Getränke	bann labwason
Bier	labier
Cola	koka
Kaffee	kafe
Kakao	sokola; milo; ovaltinn
Milch	dile
Rum	rom
Saft	zi
Softdrink	gazez
Tee	dite
Wasser (still) Mineralwasser	dilo dilo gazez; dilo sparkling
Wein (Weißwein, Rotwein)	divin (vin blan; vin rouz)

Die Speisekarten sind in den Restaurants, gerade in Touristengegenden, nur sehr selten auf Kreol. Wenn Sie wissen möchten, welche Speise sich hinter einem Namen verbirgt, fragen Sie einfach mit **„Ki ena ladan?"** nach den Zutaten!

Tou korek la?
Alles gut bei Ihnen?
Manze-la bon, pa bon?
War das Essen gut?

Ti mari bon! Mersi!
Es war sehr lecker! Danke!

Eski zot anvi manz enn deser?
Möchten Sie noch ein Dessert?

Wi, nou pou pran enn lamous sokola.
Ja, wir nehmen einmal die Mousse au Chocolat.

Se tou?
Ist das alles?

Wi. Mo ti'a kontan peye enn fwa.
Ja. Ich würde dann auch gerne zahlen.

Ale rayt!
Einverstanden!

Können Sie bitte noch etwas nachwürzen?	**Kapav azout inpe (…) siouple?**
Es hat uns sehr gut geschmeckt!	**Nou finn mari kontan manze-la!**
Das Essen war köstlich!	**Manze-la ti serye!**
Ist das alles? Das ist alles!	**Se tou? Se tou!**

(be)zahlen	**pey, peye**
gut/ schlecht schmecken	**bon/ pa bon**
ein Trinkgeld geben	**donn enn tips**

Könnten wir bitte zahlen?	**Eski nou kapav peye?**
Die Rechnung, bitte!	**Eski mo kapav gagn bil, siouple?**
Ich würde gerne zahlen.	**Mo ti'a kontan peye.**
Kann ich mit Karte zahlen?	**Eski mo kapav pey avek kart?**
Stimmt so!; Der Rest ist für Sie!	**Korek sa!; Gard leres pou ou!**

Mauritius' blühender Einzelhandel wird Ihnen sofort ins Auge stechen. Überall auf der Insel finden Sie kleine kioskartige Läden, genannt **tabazi** (auch frz. **tabagie**, **taba-J**), in denen Sie neben Getränken, (einzelne) Zigaretten und **gadjak** (Fingerfood) vor allem typisch mauritische Snacks kaufen können. Häufig wird auch direkt von einem Motorrad oder Fahrrad aus verkauft.

Bonzour. Ki ete sa, siouple?
Guten Tag. Können Sie mir bitte sagen, was das ist?

Bonzour. Dizef roti sa.
Guten Tag. Das sind *dizef roti*.

Ki ena ladan?
Was ist da denn drin?

Sa, li enn dizef ki nou
Das ist ein Ei, das wir
finn kwi ek lavaper.
gebraten und gedünstet haben.

Dakor. Mo pran de pou mo goute.
Okay. Ich nehme zwei zum Probieren.

Enn tabazi tipik

Eine typische *tabazi*

Dose	**kanet; kann**
eisgekühlt	**glase**
Erfrischungsgetränk aus Milch und Agar-Agar	**alouda**
Fingerfood, Snacks (Chips; *tamlisches Salzgebäck;...*)	**gadjak (chips; moulkou; …)**
Flasche	**boutey**
kleine Glasflasche	**sopinn**
frittiertes Gebäck (mit Chili; Banane; …)	**gato (gato piman; gato banann; gato …)**
gebratenes Ei	**dizef roti**
gefüllte Teigecken (mit Hühnchen; Käse; Gemüse)	**samousa (samousa poule; fromaz; legim)**
indisches Brot	**roti; farata; dal pouri**
indisches Curry (mit Fisch; Hühnchen; Fleisch; Tenrek)	**kari (pwason; poule; laviann; tang)**
kleiner, kioskartiger Laden	**tabazi**
Lottoschein	**tiket loto; biye loto**
Reispfanne	**briyani**
Soße	**satini**
Süßigkeiten	**gato; bonbon**
würzig-scharfe Suppe (mit Schaf)	**alim; halim (mouton)**
Zigaretten	**sigaret**

Ki ena ladan?

Was ist da drin?

Bonzour. Mo oule avoy enn bann kart postal
Guten Tag. Ich möchte Postkarten verschicken
ek mo bizin bann tem.
und benötige Briefmarken.

Komie kart postal ou ena?
Wie viele Postkarten haben Sie?

Mo ena sink. De gran kart avek trwa tipti.
Ich habe fünf. Zwei große Karten und drei kleine.

Sa bann tem-la pou bann gran kart
Diese Briefmarken sind für die großen
ek sann-la pou bann tipti.
und diese für die kleinen Karten.

Mersi. Apre mo oule avoy enn let Lalmagn.
Danke. Dann möchte ich noch einen Brief nach
Deutschland schicken.

Mo bizin pez li.
Ich muss ihn wiegen.

Alalila. Kot bwat-o-let-la ete?
Hier ist er. Wo ist der Briefkasten?

Bwat-o-let-la la!
Der Briefkasten ist gleich dort!
Sa fer 125 (san-vennsink) roupi, siouple.
Das macht 125 Rupien, bitte.

Mersi. Ale bye!
Danke. Auf Wiedersehen!

Absender	dimounn ki avoy
Adressat; Empfänger	dimounn ki resevwar
Brief	let
Briefkasten	bwat-o-let
Briefmarke	tem
empfangen	resevwar
Paket	koli; pake; parsel
Post	lapos
Postbeamter	dimounn ki travay lapos
Postbote	fakter
Postkarte	kart postal; poskart
Schalter	gise
schicken; verschicken; senden	avoy, avoye
wiegen	pez, peze

Ich möchte einen Brief nach... schicken	Mo le avoy enn let ...
Ich brauche Briefmarken für...	Mo bizin bann tem pou...
Wie viel kostet eine Briefmarke für...?	Komie enn tem pou..,?

Bonzour. Mo le sanz kas.
Guten Tag. Ich möchte Geld wechseln.

Ki deviz ou ena?
Welche Währung haben Sie denn?

Mo le sanz 100 (san) euro an roupi.
Ich möchte 100 Euro in Rupien wechseln.

To-d-sanz-la 38.7 (trantwit pwin set) zordi.
Der Wechselkurs liegt heute bei 38,7.
Ou gagn 3870 (trwa-mil wit-san-swasanndis) roupi.
Sie bekommen 3870 Rupien.

Bank	labank
Bankautomat	ATM
Bargeld	cash (engl.)
Cent	sou
Euro	euro
Geld	kas
Geld abheben	tir kas
Geld einzahlen	vers kas
Geld wechseln	sanz kas
Kreditkarte	kart kredi
(mauritische) Rupien	roupi (morisien)
Währung	deviz
Wechselkurs	to-d-sanz
Wechselstube	biro-d-sanz

Der Kleidungsmarkt:

Bonzour. Komie sa rob-la koute?
Guten Tag. Wie viel kostet dieses Kleid dort?

Lekel? Rouz-la oubien zonn-la?
Welches? Das rote oder das gelbe?

Non. Rob ble ki anpandan-la.
Nein. Das blaue, das dort hängt.

Li kout 850 (wit san sinkant) roupi.
Das kostet 850 Rupien.

850 roupi? Tro ser sa!
850 Rupien? Das ist zu teuer!

Tisi-la enn extra bon kalite...
Der Stoff ist von sehr guter Qualität...

Komie bann triko-la ete?
Wie viel kosten denn die T-Shirts?

350 (trwa san sinkant) roupi.
350 Rupien.
Mo fer enn pri ami pou ou!
Ich mache Ihnen einen Freundschaftspreis!

Aster-la interesan!
Das klingt interessant!

Mo vann ou rob-la ek
Ich gebe Ihnen das Kleid und
enn triko pou 1000 (mil) roupi!
ein T-Shirt für 1000 Rupien!

Pa kapav kas pri-la enn tipe?
Kann man da nicht noch etwas am Preis machen?

Non, madam. Samem dernie pri.
Nein, meine Dame. Das ist mein letztes Angebot.

Dakor. Mersi.
Einverstanden. Danke.

Wenn keine Preise ausgewiesen sind, ist es auf Mauritius möglich und üblich zu handeln. Ein Besuch auf den Märkten von Quatre Bornes oder Port Louis kann somit der Schauplatz einer spannenden Unterhaltung auf Kreol werden, an deren Ende Sie entweder qualitativ hochwertige Kleidungsstücke der mauritischen Textilindustrie oder Souvenirs erstehen können.

Wie viel kostet …?	**Komie… koute?** **Komie… ete?**
Ich gucke nur (ein wenig).	**Mo pe zis gete (enn tigit).**
Was suchen Sie?	**Ki ou pe rode?**
Können Sie etwas am Preis machen?	**Ou kapav kas pri?**
Das ist mir zu teuer.	**Tro ser sa.**
Ich werde woanders danach suchen.	**Mo pou al rod li enn lot landrwa.**
Ich bin nicht interessiert.	**Mo pa interese.**
Ich habe bereits … (eine Sonnenbrille; so etwas).	**Mo deza ena… (linet soley; enn koumsa)**

den Preis senken	**kas pri**
gucken, stöbern	**get, gete**
handeln	**rod kas pri**
kaufen	**aste**
kosten	**kout, koute**
suchen	**rod, rode**
verkaufen	**vann, vande**

Freundschaftspreis	pri ami
günstig	bon marse; pa ser
Markt	bazar
Qualität	kalite
Rabatt; Preisnachlass	diskawnt; remiz
teuer	ser
(Plastik)Tüte	sak (plastik)
Verkäufer; Händler	marsan

Kleidungsstücke:

Anzug	kostim
Badebekleidung; Badeshort	mayodbin; sort-de-bin
Bluse	blouz
Büstenhalter	brasir
Flip Flop	savat
Gürtel	sintir
Hemd	semiz
Hose	kannson
Kappe; Mütze	kasket; bone
Kleid	rob
Pullover	palto
Sandale	sandalet
Schal	esarp; kaskol
Schuh	soulie
Short	sort; short
Socke	soset
Stoff	tisi
Strumpfhose	leba
T-Shirt	triko
Unterwäsche für Frauen; für Männer	kilot; slip

Farben:

Nicht nur die mauritische Flagge ist farbenfroh. Auch bei ihrer Kleidung und auf ihren Märkten mögen es Mauritier bunt:

beige	krem; bez
blau	ble
braun	maron
gelb	zonn
gold	dore
grau	gri
grün	ver
lila	mov
orange	oranz
rosa	roz
rot	rouz
schwarz	nwar
silber	arzan
türkis	ble tirkwa
weinrot	rouz bordo
weiß	blan

Alle Farben lassen sich abschwächen indem Sie sie wiederholen. So machen Sie aus **rouz** (rot) einfach **rouz-rouz** (rötlich), aus **ble** (blau) **ble-ble** (bläulich) und so weiter.

bunt	kolore
dunkel	fonse
hell	pal
neonfarben	flioresan

Farbadjektive stehen im Mauritius-Kreol immer hinter dem bezeichneten Substantiv:
„Ein dunkelroter Pullover" ist also **enn palto rouz fonse.**

Der Obst- und Gemüsemarkt:

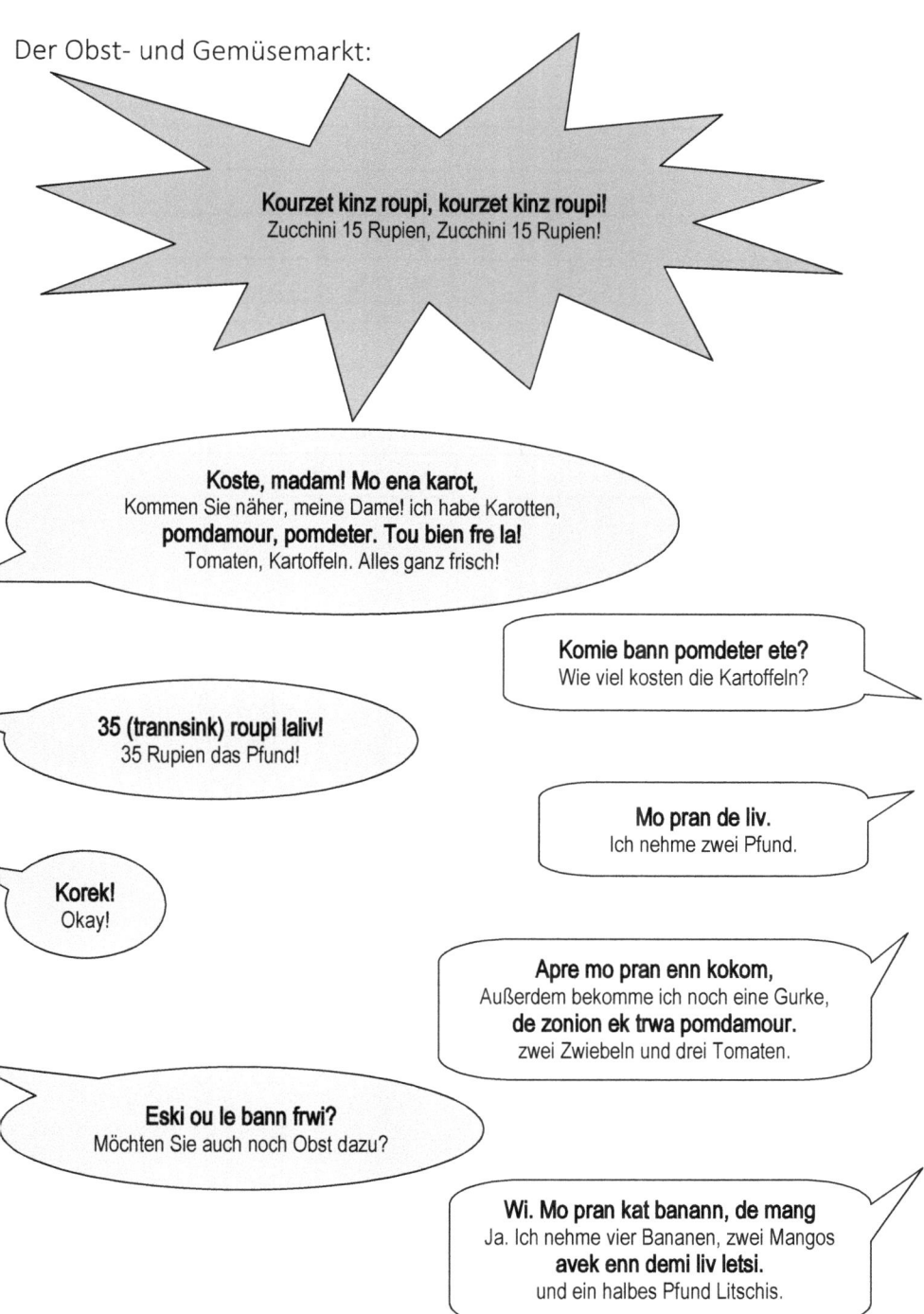

Kourzet kinz roupi, kourzet kinz roupi!
Zucchini 15 Rupien, Zucchini 15 Rupien!

Koste, madam! Mo ena karot,
Kommen Sie näher, meine Dame! ich habe Karotten,
pomdamour, pomdeter. Tou bien fre la!
Tomaten, Kartoffeln. Alles ganz frisch!

Komie bann pomdeter ete?
Wie viel kosten die Kartoffeln?

35 (trannsink) roupi laliv!
35 Rupien das Pfund!

Mo pran de liv.
Ich nehme zwei Pfund.

Korek!
Okay!

Apre mo pran enn kokom,
Außerdem bekomme ich noch eine Gurke,
de zonion ek trwa pomdamour.
zwei Zwiebeln und drei Tomaten.

Eski ou le bann frwi?
Möchten Sie auch noch Obst dazu?

Wi. Mo pran kat banann, de mang
Ja. Ich nehme vier Bananen, zwei Mangos
avek enn demi liv letsi.
und ein halbes Pfund Litschis.

Gemüse	legim
Obst	frwi; fri

einheimisch	lokal
frisch	fre
importiert	inporte
wiegen	pez, peze

Gramm	gram
halb	demi
Kilo(gramm); …Rupien das Kilo	kilo; …roupi kilo
Pfund; …Rupien das Pfund	liv; …roupi laliv

Enn deroulman dan bazar

Eine Marktszene

Ananas	zanana
Apfel	pom
Aubergine	brinzel
Avocado	zavoka
Banane	banann
Birne	pwar
Blumenkohl	soufler
Bohne	zariko
Guave	goyav
Gurke	kokom
Kartoffel	pomdeter
Knoblauch	lay
Kohl	lisou
Kürbis	ziromon; kalbas; patison
Litschi	letsi
Mango	mang
Möhre; Karotte	karot
Orange	zoranz
Papaya	papay
Paprika	pwavron
Pfirsich	pes
Pflaume	prinn
Spinat	zepinar
Süßkartoffel	patat
Tomate	pomdamour; tomat
Traube	rezin
Zucchini	kourzet
Zwiebel	zonion

Petra, to kontan letan Moris?
Petra, gefällt dir das Wetter auf Mauritius?

Wi. Letan-la serye net!
Ja. Das Wetter ist einfach super!

Kouma letan ete dan Lalmagn la?
Wie ist denn das Wetter in Deutschland zur Zeit?

Ayo! Letan-la pa tro bon la.
Ohje! Das Wetter ist gerade schlecht.
Lanez pe tonbe ek pe fer inpe fre.
Es schneit und es ist kalt.

Vremem? Kot nou zame lanez pa tonbe.
Echt? Bei uns schneit es nie.
Me selman, defwa letan pa tro bon.
Aber trotzdem ist das Wetter manchmal schlecht.
Lerla ena gro lapli avek lamer azite.
Dann regnet es stark und das Meer ist aufgewühlt.

Regen	**lapli**
Schnee	**lanez**
Sonne	**soley**
Wind	**divan**
Wolke	**niaz**
Zyklon	**siklonn**

Auf Mauritius herrscht inseltypisches Mikroklima. Auch wenn es im Landesinneren regnet, kann der Himmel ein paar Kilometer weiter wolkenlos sein.

Da kommt ein Zyklon.	Siklonn pe vini.
Der Zyklon ist da.	Ena siklonn.
Die Sonne scheint.	Enn zoli soley.
Die Wellen sind hoch.	Ena gro vag.
Es ist bewölkt.	Letan kouver.
Es ist (zu) heiß.	Fer (tro) so.
Es ist (zu) kalt.	Fer (tro) fre.
Es ist schlechtes Wetter.	Letan-la pa tro bon.
Es ist schönes Wetter.	Letan-la serye. Fer botan.
Es nieselt.	Ena ti lapli.
Es regnet stark.	Ena gro lapli.
Es regnet.	Ena lapli.
Es schneit.	Lanez pe tonbe.
Es stürmt.	Ena bokou divan.
Es wird bestimmt regnen.	Koumadir lapli pou tonbe.
Wie soll das Wetter morgen werden?	Kouma letan pou ete demin?

Meer	lamer
Welle	vag
Ebbe	lamare bas
Flut	lamare ot
ruhige See	lamer kalm
unruhige See/ aufgewühltes Meer	lamer azite

Exkiz-mwa! Ou kapav dir mwa
Entschuldigen Sie! Können Sie mir sagen
kot Bazar Santral ete?
wo der Zentralmarkt ist?

Wi. Ou trouv *Caudan Waterfront* laba?
Ja. Sehen Sie die *Caudan Waterfront* dort?

Wi.
Ja.

Depi laba, ou bizin pran souterin
Von dort gehen Sie durch die Unterführung
pou ou sot sime.
auf die andere Straßenseite.

Dakor. Apre?
Okay. Und dann?

Ou swiv sa direksion-la ver lenor.
Sie folgen dieser Straße Richtung Norden
Apre 300 (trwa-san) met ou pou
Nach 300 Metern werden Sie
trouv Bazar Santral dan ou drwat.
den Zentralmarkt auf Ihrer rechten Seite sehen.

Korek. Mersi bokou.
Alles klar. Vielen Dank.

(um)drehen	**fer demitour**
folgen	**swiv**
gehen	**al, ale**
überqueren	**sot, sote; travers, traverse**

bis	**ziska**
nach	**ver; dan**
in diese Richtung; in Richtung...	**dan sa direksion-la; ver...**
rechts	**(dan) drwat, adrwat**
links	**(dan) gos, agos**
geradeaus	**drwat**
zurück	**aryer**
gegenüber	**anfas**
oben	**lao**
unten	**anba**
hinter	**deryer**
vor	**devan**
neben	**kot**
über	**lao**
unter	**anba**
hier	**la, isi**
dort	**laba**
bergauf	**mont, monte**
bergab	**desann**

Norden	**lenor**
Osten	**les**
Süden	**lesid**
Westen	**lwes**

Nordosten	**nor-es**
Nordwesten	**nor-wes**
Südosten	**sid-es**
Südwesten	**sid-wes**

Ampel	robo
Ausfahrt	exit (engl.)
Baum	pie
Bürgersteig	trotwar
Gebäude	batiman
Kreisverkehr	ronpwin
Kurve	tournan; viraz
Straße	lari; sime
Straßenlaterne	lanpader
unbefestigte Straße	sime kann
Unterführung	souterin; tinel
Weg	linpas
Zebrastreifen	krosir

Enn vwayaz dan enn bis touletan li enn laventir

Eine Busfahrt ist immer ein Abenteuer

Kat dimounn pou Tamarin, siouple.
Vier Personen bis Tamarin, bitte.

Zot ena de zanfan...
Sie haben zwei Kinder...
Eski zot ena mwins ki 12 (douz) an?
Sind sie unter 12 Jahre alt?

Wi, zot ena nef ek onz an. Kifer?
Ja, sie sind neun und elf Jahre alt. Warum?

Alor, pou zot kapav pey demi.
Dann müssen Sie für die Kinder nur
den halben Preis zahlen.

Dakor. Korek sa!
Okay. Danke!

Welchen Bus muss ich nach... nehmen?	**Ki bis bizin pran pou al...?**
Können Sie mir Bescheid sagen, wenn wir in... sind?	**Eski ou kapav signal mwa kan nou pou...?**
Wie lange braucht der Bus bis ...?	**Komie letan pou al...?**
Fährt der Bus über ...?	**Bis-la pas par...?**

Bus	**bis**
Busbahnhof	**lagar**
Busfahrer	**sofer bis**
Bushaltestelle	**bistop**
Busticket	**tiket bis**
Kontrolleur	**chek**
Schaffner	**kontroler**
Sitz	**plas; banket**

anhalten	aret, arete
aussteigen	desann
einsteigen	mont, monte
Haltewunsch äußern (klingeln, drücken)	pez sonet
nehmen	pran
sitzen	asiz, asize
stehen	dibout, diboute

Monte! Pe ale la!

Alles einsteigen! Los geht's!

Bonzour. Nou anvi fer enn letour dan lesid.
Hallo. Wir möchten gerne eine Tour in den Süden machen.
Komie sa pou koute?
Was wird das kosten?

Apepre 3500 (trwa mil sink-san) roupi.
Ungefähr 3500 Rupien.

Nou kapav aret parla pou nou fer enn piknik?
Können wir irgendwo anhalten, um ein Picknick zu machen?

Wi, nou kapav kas enn poz
Ja, wir können eine Pause
kot *Roche qui pleure*.
am *Roche qui pleure*
(Weinenden Felsen) einlegen.

Mari serye! Mersi!
Großartig! Danke!

Sind Sie frei?	**Ou lib?**
Warten Sie bitte (kurz) auf mich!	**Atann mwa (enn ti moman), siouple!**
Ich muss über … fahren.	**Mo bizin pas par ….**
Wir haben Zeit!; Keine Eile!	**Ou ena letan!**
Lassen Sie mich bitte …/hier raus!	**Kit mwa …/ isimem, siouple!**

Ausflug	**letour**
Preis	**pri**
Taxi	**taxi**
Taxifahrer	**sofer taxi**

aussteigen lassen	**kit, kite**
beeilen	**degaz, degaze**
warten	**atann**

Bonzour. Mo bizin al *Grand Baie*.
Hallo. Ich muss nach *Grand Baie*.

Anou ale!
Auf geht's!

Komie sa pou koute?
Wie viel wird das kosten?

Sa pou kout 1500 (mil sinksan) roupi
Das macht 1500 Rupien
pou al *Grand Baie*.
bis *Grand Baie*.

Dakor. Kit mwa dan lotel …, siouple!
Okay. Lassen Sie mich bitte am …Hotel aussteigen.

Enn zoli pie flanbwayan dan Desam

Ein schöner Flammenbaum im Dezember

Bonzour. Eski mo kapav ed ou?
Guten Tag. Kann ich Ihnen helfen?

Nou anvi fer enn letour dan lenor
Wir möchten einen Ausflug in den Norden machen
e nou bizin enn veikil.
und brauchen dafür ein Fahrzeug.

Nou lwe loto ek skouter.
Wir vermieten Autos und Roller.

Mo prefer lwe enn loto.
Ich würde lieber ein Auto zu mieten.
Komie sa pou koute?
Wie viel kostet das?

Sa pou kout 1900 (mil nef-san) roupi
Das kostet 1900 Rupien
par zour pou enn tipti loto.
am Tag für ein kleines Modell.

Ki bann kloz kontra?
Was beinhaltet der Vertrag?

Ena enn lasirans pou loto-la.
Das Auto ist versichert.
Me selman kan ou fer enn laksidan
Bei einem Unfall müssen Sie allerdings
ou ena enn excess 5000 (sink mil) roupi pou peye.
eine Selbstbeteiligung von 5000 Rupien zahlen.

Me selman zis kan nou antor, non?
Aber nur wenn wir den Unfall verschulden, oder?

Non. Antor pa antor ou bizin peye.
Nein. Die Selbstbeteiligung müssen Sie in jedem Fall zahlen.
Kosion-la 30 000 (trant mil) roupi.
Die Kaution beträgt 30 000 Rupien.

Ou bizin mo kart kredi la?
Brauchen Sie meine Kreditkarte?

Wi, mo bizin li.
Ja, die brauche ich.
Tank loto-la ranpli. Ou bizin rann
Der Tank ist voll. Sie müssen
loto-la avek so tank ranpli parey.
das Auto auch mit vollem Tank zurückbringen.

Eski nou kapav rann loto-la demin onz-er parla?
Können wir das Auto morgen gegen 11 Uhr zurückbringen?

Korek. Mo bizin ou signatir.
Ja, okay. Ich brauche noch eine Unterschrift von Ihnen.
Ala lakle-la! Bon vwayaz!
Hier sind die Schlüssel. Gute Fahrt!

Mersi bokou. Demin nou zwenn!
Vielen Dank. Bis morgen!

Auto	**loto**
Autovermietung	**lazans lokasion**
Fahrzeug	**veikil**
Kaution	**kosion**
Kreditkarte	**kart kredi**
mieten	**lwe**
Roller	**skouter**
schuld sein	**antor**
Selbstbeteiligung	**excess** (engl.)
Schlüssel	**lakle**
Unfall	**aksidan**
Unterschrift	**signatir**
Van	**vann**
vermieten	**lwe**
Versicherung	**lasirans**
Vertrag	**kontra**
Vertragsklausel	**kloz kontra**
zurückbringen	**rann, rande**

Enn loto dan enn sime kann

Ein Auto im Zuckerrohr

VASHI

abbiegen	vir, vire; tourn, tourne
Ampel	robo
anhalten	aret, arete
Auto	loto
Autobahn	lotorout
Benzin	lesans
beschleunigen	akseler, akselere
blinken	met flaser
Blitzer; Radarfalle	flas; radar; speed camera
bremsen	pez frin
Bremsschwelle	dodann; obstak
Brücke	pon
Diesel	diezel
fahren	kondir
Fahrrad	bisiklet
Führerschein	lisans
Gangschaltung	levie vites
Kreisverkehr	ronpwin
Kreuzung	lakrwaze
langsamer werden	ralanti
parken	gar, gare
Parkplatz	parking
Platten	larou plat
Roller	skouter
Schlagloch	trou dan sime; nidpoul
Stau	anbouteyaz
Stop!	Chombo!

Strafe; Bußgeld	lamann
Straße	lari; sime
Straßensteuer	road tax (engl.)
tanken (Benzin; Diesel)	met lesans; met diezel
Tankstelle	filing
unbefestigte Straße	sime kann
Unfall	aksidan
Verkehrsschild	pano
Versicherung	lasirans
vorsichtig fahren	kondir pridaman
Weg	linpas; sime

Enn kamion kann

Ein mit Zuckerrohr beladener Lastwagen

Bonzour! Mo larou plat.
Hallo! Ich habe einen Platten.

Pena traka!
Keine Sorge!
Nou kapav repar fit-la.
Wir können das Loch flicken.

Eski mo pou kapav remet larou-la
Kann ich den Reifen danach
zis apre ki ou pou'nn fini repar li?
sofort wieder aufziehen?

Non! Ou pou bizin atann enn lertan.
Nein! Sie müssen eine Stunde warten.
Sa fer 100 (san) roupi.
Das macht 100 Rupien.

Larou-la koumadir fek aste. Mersi!
Der Reifen sieht aus wie neu. Danke!

Wo ist die nächste Werkstatt/ Tankstelle?	**Kotsa mo kapav gagn enn latelie mekanisien/ filing?**
Könnten Sie das Auto durchchecken?	**Eski ou kapav fer enn check-up, siouple?**
Könnten Sie einen Ölwechsel machen?	**Eski ou kapav fer servising, siouple?**
Eine Kontrolllampe leuchtet.	**Enn indikater pe alime.**
Ein Reifen ist platt.	**Enn larou plat.**
Das Auto riecht/ klingt komisch.	**Loto fer enn tapaz/ loder bizar.**
Das Auto zieht nach links/ rechts.	**Loto-la tir dan gos/ drwat.**
Der Motor qualmt.	**Lafime pe sorti dan moter.**
Das Auto verliert Öl.	**Loto-la pe perdi delwil.**
Ich habe eine Panne.	**Mo gagn pann.**
Bitte tanken Sie den Wagen voll.	**Fer plin, siouple!**
Bitte tanken Sie für ... Rupien Benzin/ Diesel.	**Met ... roupi lesans/ diezel, siouple!**

Abschleppdienst	**towing** (engl.)
abschleppen	**rise**
aufleuchten	**alim, alime**
Autositz	**siez**
Bremse	**frin**
flicken	**repar, repare**
Gangschaltung	**levie vites**
(ungewöhnliches) Geräusch	**tapaz (bizar)**
(merkwürdiger) Geruch	**loder (bizar)**
Handbremse	**frinabra**
kaputt sein	**anpann**
Klimaanlage	**klim**
Kofferraum	**kof**
Lämpchen	**indikater**
Lenkrad	**volan**
Loch	**fit**
Mechaniker	**mekanisien**
Motor	**moter**
Motorhaube	**kapo**
Öl	**delwil**
Platten	**larou plat**
Reifen	**larou**
Reifen wechseln	**sanz larou**
Reparatur	**reparasion**
reparieren	**repar, repare**
Rückspiegel	**retrovizer**
Tank	**tank**
Werkstatt	**latelie mekanisien**
Windschutzscheibe	**parbriz**

Simone, to kontan bann laplaz Moris?
Simone, gefallen dir die mauritischen Strände?

Wi, li top ki disab-la extra blan.
Ja, der Sand ist so schön weiß.
Mo'nn deza ramas bann zoli kokiyaz.
Ich habe schon tolle Muscheln gesammelt.

Me selman to pa gagn drwa
Aber Muscheln und Korallen
ramenn bann kokiyaz ek
darfst du nicht mit nach
bann koray-la Lalmagn, to kone?
Deutschland nehmen, weißt du?

Non, mo pa pou fer sa.
Nein, das mache ich nicht.
Kifer pena bokou palmie isi?
Wieso stehen hier so wenige Palmen?

Zis lor bann laplaz lotel ki ena palmie.
Palmen gibt es nur an den Hotelstränden.
Normalman ena bann pie filao lor bann laplaz.
Normalerweise stehen an den Stränden Filaobäume.

A dakor! Nou pou al naze la?
Ach so! Wollen wir schwimmen gehen?

Wi! Bizin met to soulie naze
Ja! Zieh besser deine Schwimmschuhe an,
parski ena oursin.
denn hier gibt es Seeigel.

Mersi to'nn dir mwa!
Danke für den Tipp!

Gete! Ena enn marsan ki pe vini.
Schau mal! Da kommt ein Strandverkäufer.
Li pe vann bann bizou artizanal
Er verkauft selbstgemachten Schmuck
oubien li fer bann letour dan bato
oder bietet Boots– oder
ouswa bann letour avek bann dofin. To interese?
Delfintouren an. Bist du interessiert?

Non, korek sa!
Nein, schon gut!
Mo'nn deza fer enn letour *Ile aux Cerfs*!
Ich habe schon eine Bootstour zur *Ile aux Cerfs* gemacht!

bräunen	**bronze**
entspannen	**rilax**
schwimmen	**naze**

Algen	**gomon**
Armband	**brasle**
Baum	**pie**
Bootsfahrt	**letour bato**
Delfin	**dofin**
Filaobaum	**pie filao**
Fisch	**pwason**
Gras	**lerb**
Hai	**rekin**
Hut	**sapo**
Kette	**kolie**
Kieselsteine	**gale**

Kokospalme	**pie koko; kokotie**
Koralle	**koray**
Liegestuhl	**tranzat**
Meer	**lamer**
Muschel	**kokiyaz**
Palme	**palmie**
Pareo	**pareo**
Qualle	**mediz**
Riff	**brizan**
Sand	**disab**
Schatten	**lonbraz**
Schildkröte	**torti**
Schmuck	**bizou**
Seeigel	**oursin**
selbstgemacht	**artizanal**
Sonne	**soley**
Sonnenbrille	**linet soley; ribann**
Sonnencreme	**lakrem soler**
Sonnenschirm	**parasol**
Steinfisch	**laf**
Strand	**laplaz**
Strandtuch	**serviet (laplaz)**
Strandverkäufer	**marsan**
Wal	**labalenn, balenn**
Wellen	**vag**

To trouv sa bann stand laba-la?
Siehst du die Stände da vorne?
Nou kapav aste manze laba.
Da kann man etwas zu essen kaufen.

Serye. To le manz enn kiksoz?
Prima. Hast du Lust?
Mo peye.
Ich lade dich ein.

Mersi. Mo pou al vit-vit, pran de roti
Danke. Dann hole ich uns schnell zwei Roti
oubien to le enn lot zafer?
oder möchtest du etwas anderes?

Non, roti drese! Mo pou al aste
Nein, Roti ist super! Ich kaufe uns in
enn zanana ek enn koko touzour.
der Zwischenzeit eine Ananas und eine Kokosnuss.

Ananas	**zanana**
Banane	**banann**
Erfrischungsgetränke	**labwason glase**
Hamburger	**burger** (engl.)
Kebab	**kebab**
Kokosnuss	**koko**
Obstsalat	**salad frwi**
Paninibrot	**panini**
Sandwich	**pin foure**
Stand	**stand**

(jemanden) einladen	**invit (enn dimounn), invite**
(sich) erfrischen	**rafresi**
sich in den Schatten setzen	**asiz dan lonbraz**

Genug Sonne?

Du bist schon ganz rot.	To lapo inn bien rouz.
Du siehst verbrannt aus.	To lapo paret brile./ Koumadir to'nn brile.
Du solltest aus der Sonne gehen.	To bizin sorti dan soley.
Ich suche mir etwas Schatten.	Mo pou rod inpe lombraz.
Wir müssen mehr trinken.	Nou bizin bwar pli bokou.
Ich mache eine Pause von der Sonne.	Mo pe sorti inpe depi dan soley.
Ich muss mich nochmal eincremen.	Mo bizin repas lakrem soler.
Ich muss mir etwas überziehen.	Mo bizin met enn zafer lor mwa.
Ich habe genug Sonne für heute.	Mo'nn ase bronze pou zordi.

Enn peser pe tir enn marlin dan delo

Ein Fischer zieht einen Speerfisch an Land

Blue Bay enn paradi plonzer.
Die *Blue Bay* gilt als Schnorchelparadies.
Eski to ena bann zafer pou al plonze?
Hast du Schnorchelsachen?

Wi, mo ena enn pipet ek enn mask
Ja, einen Schnorchel und eine Maske
me selman mo pena lapat kanar.
habe ich, aber keine Flossen.

Pena problem, mo kapav pret twa lapat kanar.
Kein Problem, Flossen kann ich dir leihen.

Top! Ki nou kav al gete?
Super! Was kann man denn entdecken?

Nou kapav trouv koray ek
Man sieht dort Korallen und
bokou pwason ki bien kolore.
viele bunte Fische.
Zis bizin fer tansion kouran!
Man muss nur mit der Strömung aufpassen!

Korek! Anou ale!
Okay! Dann los!

Ich tauche auf … Metern Tiefe.	**Mo plonz …. met profonder.**
Ich möchte nicht tauchen. Schnorcheln reicht mir!	**Mo pa le plonz ar gaz.** **Plonz ar pipet korek.**

aufpassen; vorsichtig sein	fer tansion
Boje	bwe
Flossen	lapat kanar
Gasflasche	boutey gaz
Neoprenanzug	konbinezon
Schiffswrack	lepav
Schnorchel	pipet; tiba
Schnorchelmaske	mask plonze
Strömung	kouran
tauchen; schnorcheln	plonz, plonze
Tauchgang	sesion plonze
Tauchlehrer/in	moniter plonze
Tauchschein	lisans plonze
Tauchschule	lekol plonze
Tauchspot	spot plonze

Enn letour dan katamaran

Eine Katamaran-Tour

Bonzour! Mo apel Jonas ek ala mo koleg Lionel!
Guten Tag! Ich heiße Jonas und das ist mein Kollege Lionel!
Nou bann skiper *Dreamcatcher*.
Wir sind die Skipper der *Dreamcatcher*.

Bonzour! Mo apel Michael
Hallo! Ich heiße Michael
ek ala mo madam Maike.
und das ist meine Frau Maike.

Mars pieni kan ou lor katamaran, siouple.
Bitte betreten Sie den Katamaran nur barfuß!

Eski ou kapav explik nou ankor
Können Sie uns den Ablauf der Tour
enn fwa kouma letour-la pou deroule?
noch einmal erklären?

Met zot zile sovtaz! Apre nou pou
Ziehen Sie zunächst Ihre Rettungswesten an!
al *Ile Plate*. Se enn lilo inabite.
Danach segeln wir zur *Ile Plate*, einer kleinen, unbewohnten Insel.

Drese! Kapav plonze laba?
Toll! Kann man dort schnorcheln?

Wi, zot kapav plonze. Nou pou
Ja, dort können Sie schnorcheln,
fer enn barbeki pou zot touzour.
während wir für Sie grillen.

Komie letan nou pou res laba?
Wie lange werden wir dort bleiben?

Ziska kat-r-er. Lerla zot pou
Bis 16 Uhr. So sind Sie vor
Cap Malheureux **kan soley pou kouse.**
Sonnenuntergang wieder am *Cap Malheureux*.

Sa pou enn zoli lazourne!
Das wird ein großartiger Tag!

Pas lakrem! Zot pa pou remarke
Cremen Sie sich ab und zu ein! Durch
ki soley for akoz ena divan.
den Fahrtwind merken Sie die
Intensität der Sonne nicht.

A! Nou ti pre pou bliye sa!
Ah! Das hätten wir fast vergessen.

Anou ale! Ki zot oule bwar?
Lasst uns losfahren! Was möchten Sie trinken?

Nou pou pran enn dilo ek enn rom-koka. Mersi!
Wir nehmen ein Wasser und einen Rum-Cola. Danke!

aufstehen	dibout, diboute
barfuß	pieni
Boot	bato
Brücke	pon
eincremen	pas lakrem
festhalten	trap, trape; agrip, agripe
Fischerboot	bato lapes
Gefahr	danze

gefährlich	danzere
hinsetzen	asiz, asize
hinten	par derier
Holzboot	pirog
Insel	lil; zil
Inselchen; kleine Insel	lilo; zilo
Kajüte	kabinn
Katamaran	katamaran
Motor	moter
riskieren	risk, riske
Schwimmweste	zile sovtaz
Segel	lavwal
Segel setzen	is lavwal
Skipper	skiper
stark	for
Steuerrad	labar
vorne	par devan
Wellen	vag
(Fahrt)Wind	divan

Wie schnell fährt das Boot?	Ki vites bato-la kapav ale?
Die Bootstour fällt aus.	Letour bato inn anile.
Die Bootstour wird verschoben.	Letour bato inn posponn.
Die Wellen sind heute zu gefährlich.	Lamer-la tro danzere zordi.
Halten Sie sich bitte gut fest!	Agrip ou bien, siouple!

Nina ek Philip, eski zot anvi
Nina und Philip, habt ihr Lust
fer enn randone?
wandern zu gehen?

Wi, top! Kot sa?
Ja, gerne. Wo denn?

Zot kapav swazire: Swa nou al
Ihr habt die Wahl: Entweder wir wandern
marse *National Park* ziska enn kaskad,
im Nationalpark zu einem Wasserfall,
ouswa nou mont enn montagn.
oder besteigen einen der Berge.

Paret serye! Ki montagn pli ot?
Das klingt beides gut! Welcher ist der
höchste Berg?

***Piton de la Petite Rivière Noire* ki pli gran.**
Der *Piton de la Petite Rivière Noire* ist der größte.
Pran preski de-z-ertan pou ariv lor so some.
Es dauert zirka zwei Stunden, um bis zu seinem
Gipfel zu wandern.

Sannla-la sa?
Ist es dieser dort?

Non, *Le Morne Brabant* sa.
Nein, das ist *Le Morne Brabant.*
Zot konn zistwar sa montagn-la?
Kennt ihr die Geschichte zu diesem Berg?

> **Wi, mo'nn lir lor so zistwar. Bien tris sa!**
> Ja, ich habe darüber etwas gelesen. Eine sehr traurige Geschichte!

> **Akoz sa-mem ki sa**
> Genau deshalb ist dieser
> **montagn-la enn eritaz kiltirel mondial.**
> Berg heute Weltkulturerbe.

> **Kapav monte kanmem?**
> Kann man ihn trotzdem besteigen?

> **Wi, mo konn enn gid ki fer sa randone-la.**
> Ja, ich kenne einen Bergführer,
> der diese Wanderungen anbietet.

> **Serye! Kan nou pou fer randone-la**
> Super! Beim Wandern
> **zot bien bizin rakont mwa zistwar-la!**
> müsst ihr mir aber die Geschichte erzählen!

Achtung!; Vorsicht!	**Tansion!**
Bach	**larivier**
Berg	**montagn**
bergab gehen	**desann**
bergauf gehen	**mont, monte**
Bergführer	**gid**
besteigen	**mont, monte**
flach	**plat**
Gelände; Park	**domenn; park; espas**
Gipfel	**some**

Halt!; Stop!	Chombo!
hoch sein	ot; gran
Hügel	kolinn
Kilometer	kilomet
klettern	eskalad, eskalade
Meter	met
Nationalpark	National Park (engl.)
Pause	brek; res
Picknick	piknik
See	basin; lak
spazieren gehen	mars-marse
steil	apik
Wald	lafore; bwa
wandern	fer enn randone; al marse
Wanderung	randone
warten	atann
Wasserfall	kaskad
weitergehen	al pli divan; kontinye

Könnt ihr noch?	Eski zot korek?
Können wir weitergehen?	Eski nou kapav al pli divan?
Können wir eine Pause machen?	Eski nou kapav pran enn res?
Wie weit ist es noch bis...?	Komie letan pou pran ankor pou ariv...?
Ist es noch weit bis...?	Eski li ankor lwin ziska...?
Achtung! Hier ist es sehr steil.	Tansion! Li mari apik isi.
Was für ein Ausblick!	Ayo! Mari zoli lavi!
Könnten Sie ein Foto von uns machen?	Eski ou kapav tir nou foto?

Lars ek Jana, eski zot anvi al kanpe
Lars und Jana, habt ihr Lust am Wochenende
ar nou lor laplaz wikenn.
mit uns am Strand zu zelten?

Be wi! Abon, gagn drwa sa?
Na klar! Aber ist das überhaupt erlaubt?
Kot sa zot le al kanpe?
Wo wollt ihr denn campen?

Belle Mare **nou kapav.**
Wir könnten dazu nach *Belle Mare*.
Bann Morisien fer sa souvan, parski
Wir Mauritier machen das oft, weil
lasemenn rar nou al laplaz. Lerla
wir in der Woche selten am Strand sind. Also
nou res enn wikenn antie laplaz.
bleiben wir dann für das ganze Wochenende.

Drese! Nou pou aste labwason
Super! Dann werden wir Getränke
ek kiksoz pou manze.
und etwas zu essen kaufen.

Serye. Mo amenn mo lalign.
Klasse. Ich nehme meine Angel mit und
Mo pou esey lapes enn pwason pou nou.
versuche uns einen Fisch zu fangen.

Lerla mo pou okip griyad.
Dann kümmere ich mich um den Grill.

Mo pou amenn mo ravann
Ich nehme meine *Ravanne*
(Tamburin) mit
e mo pou met nisa.
und sorge für Stimmung.

Ek nou pou dans enn sega ansam!
Und zusammen tanzen wir dann *Sega*!

abhängen; chillen	**kas enn poz**
Angel	**lalign**
auf dem Boden tanzen	**anba-anba; tous sali**
feiern	**fet, fete**
Feuer	**dife**
ganz; komplett	**antie; net**
Grill	**griyad**
Kohle	**sarbon**
Lust haben	**anvi**
mitbringen	**amenn, amene**
Ravanne (mauritisches Tamburin)	**ravann**
singen	**sant, sante**
Stimmung; für Stimmung sorgen	**nisa; met nisa**
tanzen	**dans, danse**
trommeln	**bat ravann; bat sega**
unter freiem Himmel	**ala-bel-etwal**
verabreden	**met randevou**
Verabredung	**randevou**
Woche	**lasemenn**
Wochenende	**wikenn**
(am Strand) zelten	**al kanpe (lor laplaz)**
zusammen	**ansam**

Finn resi fer enn bon lapes!

Erfolgreicher Fang!

Stephane, ki pe dir?
Stephane, wie geht's?
Dir mwa, to zwe foutborl?
Sag mal, spielst du Fußball?

Wi, mo zwe ek mo bann kamarad
Ja, ich spiele mit meinen Freunden
dan Mardi ek dan Vandredi.
jeden Dienstag und Freitag?

Kotsa zot zwe? Mo anvi zwe inpe, mwa osi.
Wo spielt ihr denn? Ich habe Lust auch ein bisschen zu spielen.

Nou zwe lor terin *Floréal*,
Wir spielen auf dem Platz in *Floréal*,
apartir si-z-er-edmi. To kapav vini si to le.
ab 18.30 Uhr. Du kannst kommen, wenn du magst.

Drese. Mersi bokou. Mo pou vini Vandredi.
Super. Vielen Dank. Ich werde Freitag kommen.

Serye. Mo donn twa mo nimero, oka to bizin.
Gut. Ich gebe dir zur Sicherheit meine Nummer.
Pa tro fer dominer ek nou... To sanpion dimond, twa!
Spiel uns aber nicht an die Wand... Immerhin bist du Weltmeister!

amateurhaft; Amateur professionell; Profi	**amater** **profesionel**
jem. dominieren; an die Wand spielen	**fer dominer ek kikenn**
Hobby	**pastan**
Mannschaft	**lekip**
(Welt)meister	**sanpion (dimond)**
(Sport)platz	**terin (spor)**

Fahrrad fahren	fer siklis; mont bisikle; al pedale
gewinnen	gagn, gagne
ins Fitnessstudio gehen	al dan jim/ al dan fitness centre (engl.)
joggen	al galoupe
reiten	mont seval
rennen	galoupe
schwimmen	naze
(Fußball) spielen	zwe (foutborl)
Sport treiben	fer enn spor
tanzen	dans, danse
trainieren	fer lentrennman
unentschieden spielen	draw (engl.)
verlieren	perdi

Basketball	barsketborl
Boule, Petanque	petang
Fußball	foutborl
Golf	golf
Hallensport	spor dan enn zimnaz
Leichtathletik	atletis
Sport	spor
Teamsport	spor dekip
Tennis	tenis
Volleyball; Beachvolleyball	voleborl; Beach-volley (engl.)
Wasserball	waterpolo

Welchen Sport machst du?	Ki spor to fer?
Du bist gut in Form!	To bien fit.
Ich bin (/ war) häufig verletzt.	Souvan mo (ti) blese.
Ich habe lange keinen Sport gemacht.	Mo pa fer spor depi lontan.

Fußball:

Zum Fußball haben Mauritier eine besondere Beziehung. Trotz ihrer eigenen professionellen Fußballliga, interessieren sie sich allerdings hauptsächlich für den englischen Fußball. Die Insel ist praktisch zweigeteilt: In die Fans des FC Liverpool und die von Manchester United. Aber auch die französische, spanische und deutsche Liga werden regelmäßig verfolgt.
Außerdem sieht man an jeder Ecke Männer jeden Alters, die ihrem liebsten Hobby häufig sogar barfuß (**pieni**) nachgehen.

Abstoß	**gol kik**
Angriff; Angreifer/in; Stürmer/in	**lavan; latakan**
Ball	**boul**
dribbeln	**reye**
Eckstoß; Ecke	**korner**
Einwurf; Ausball	**tous; deor**
Elfmeter	**penayti**
Foul	**fot**
Freistoß	**kou fran**
Hand(spiel)	**lame**
Kopfball (spielen)	**(met) tet**
Mittelfeld(spieler/in)	**demi; milie**
passen	**(fer) pas**
Schiedsrichter/in	**larbit**
schießen	**tap, tape; tir**
Spiel; Match; Partie	**match** (engl.)
Spieler/in	**zwer**
Tackling; tacklen	**bayaz; fer enn bayaz**
Taktik	**taktik**
Tor (schießen)	**(met) gorl**
Torhüter/in; Torwart	**goli**
Verteidigung; Abwehr(spieler/in)	**laryer**

Wassersport:

Durch seine Lage im Indischen Ozean bietet sich Mauritius für diverse Wassersportarten an. Surfer, Kitesurfer, Taucher. Jeder kommt hier auf seine Kosten.

Bonzour. Ki aktivite ou ofer?
Guten Tag. Was bieten Sie an?

Bonzour. Nou, nou fer ski notik
Hallo. Also, wir bieten Wasserski
ek kayt-surf. Nou ousi ena bann bwe
und Kitesurfen an. Wir haben auch Bojen,
ki nou rise avek enn bato.
die wir mit einem Boot ziehen.

Pou komie dimounn bwe-la, siouple?
Für wie viele Personen sind die Bojen gedacht?

Ena pou enn sel dimounn, de dimounn,
Es gibt Bojen für nur eine oder zwei Personen
ek nou ena enn gro bwe ki nou apel banann.
und eine große, die wir die Banane nennen.
Sa bwe-la kav sarye ziska wit dimounn.
Darauf können bis zu 8 Personen sitzen.

Li difisil pou fer kayt-surf?
Ist Kitesurfen sehr schwierig?

Li pa tro difisil. Me selman ou bizin
Nicht wirklich. Aber Sie brauchen sicher
pran enn zour net zis pou aprann li.
einen ganzen Tag, um es zu lernen.

Dakor. Li pa tro danzere bann aktivite-la?
Okay. Und ist das nicht zu gefährlich?

Non, pa kas ou latet. Nou donn zot zile
Nein, keine Sorge. Wir geben Ihnen
sovtaz ek nou ena bokou leksperians.
Rettungswesten und wir haben viel Erfahrung.
Ena bann moniter ki pou montre ou
Außerdem gibt es Betreuer, die Ihnen zeigen
kouma fer bann aktivite-la bien.
wie man die Sportarten richtig ausführt.

Korek. Komie bann aktivite-la koute?
Danke. Wie viel kosten die verschiedenen Sportarten denn?

Kayt-surf li kout 1200 (mil-de-san) roupi pou enn sesion.
Kitesurfen kostet 1200 Rupien pro Sitzung.
Leres ant 400 (kat-san) ek 600 (sis-san) roupi.
Der Rest zwischen 400 und 600 Rupien.

Mersi. Be zordi, nou pou fer bwe-la pou de dimounn.
Danke. Also heute machen wir die Boje für zwei Personen.

Betreuer; Helfer; Trainer	**moniter**
Boje	**bwe**
(Surf)brett	**bord**
Karabiner	**grapin**
Kitesurfen	**kayt-surf**
Rettungsschwimmer/in	**sovter**
Rettungsweste	**zile sovtaz**
Sicherheit	**sekirite**
Sportart; Aktivität	**aktivite**
Tau; Seil	**lakord**
transportieren	**sarye**
Wasserski	**ski notik**
Windsurfen	**wind-surf**

Marcel, to trouv sa zoli tifi-la laba?
Marcel, siehst du das hübsche Mädchen dort?
Mo krwar li gagn twa bonn.
Ich glaube, dass sie auf dich steht.

Sanse! Be, mo pa pou oz dans ar li…
Wirklich? Aber ich trau mich nicht mit ihr zu tanzen…

Kifer? Samem pli bon fason
Warum? Das ist doch die beste Möglichkeit,
pou bat enn lakol ar li!
um sie anzuflirten.

Mo pa tro konn danse. Be, mo pou sey-seye…
Ich kann nicht so gut tanzen. Aber ich werde es versuchen…

Bonswar. Mo apel Marcel. Twa?
Guten Abend. Ich heiße Marcel. Und du?

Mo apel Karishma. Ayo,
Ich heiße Karishma. Oh,
ala mo sega prefere. To anvi danse?
das ist mein Lieblingslied. Möchtest du tanzen?

To konn kas lerin, twa!
Du kannst aber gut tanzen!

To kav pran mo sarz?
Kannst du mit mir mithalten?

Kontign dans ar mwa. To pa pou regrete!
Wenn du weiter mit mir tanzt, wirst du es nicht bereuen!

feste Freundin; Partnerin	**kopinn; trannsink; girlfrenn**
fester Freund; Partner	**kopin; boyfrenn**
Frauenheld	**kourer; traser**
Freund; Freundin	**kamarad**
Verlobter; Verlobte	**fianse**
One-Night-Stand	**one night stand** (engl.)

Eta! Get sa! Marcel, so zafer bon.
Oh man! Schau mal! Marcel hat es geschafft.
Li pe dans avek Karishma. Mem zot fek anbrase.
Er tanzt mit Karishma. Gerade haben sie sich sogar geküsst.

Ayo! Me selman li pa etonan.
Oha! Aber kein Wunder,
Li enn kourer net!
er ist eben ein Frauenheld.

Gehen wir ein Stück zusammen?	To anvi nou fer enn letour zis nou de?
Kann ich dich (unter vier Augen) sprechen?	Eski nou kapav koze zis nou de?
Liebst du mich?	Eski to kontan mwa?
Möchtest du mich besuchen?	To anvi vinn fer enn letour lakaz?
Möchtest du mit mir ausgehen?	To anvi nou fer enn sorti ansam?
Möchtest du mit mir zusammen sein?	To anvi sorti avek mwa?
Möchtest du mich heiraten?	To anvi marye avek mwa?

betrügen	tronp, tronpe
flirten	bat enn lakol; met dan serk; drage
gefallen	gagn bonn...
hassen	pa kontan; deteste
heiraten	marye
küssen	anbras, anbrase
lieben	kontan
mögen	apresie
tanzen	dans, danse
umarmen	may, maye

Du gefällst mir!	Mo gagn twa bonn!
Du hast schöne Augen/ Haare!	To lizie/ sive mari zoli!
Du siehst toll aus!	To mari zoli!
Ich liebe dich!	Mo kontan twa!

Mauritier gehen gerne feiern, tanzen und flirten. **Bat enn lakol** nennen sie das - sie legen also wörtlich gesehen eine klebrige Falle aus... und kreisen ihren Gegenüber dann ein (**met dan serk**). Was auf Kreol wild klingt ist meistens harmlos. Jedoch sollten Sie auch wissen, wie Sie entschieden „Nein" sagen können.

Ich bin kein Mädchen für eine Nacht!	Mo pa sa kalite tifi-la.
Nein! Lass mich in Ruhe!	Non! Les mwa!
Ich bin nicht interessiert!	Mo pa interese!
Ich habe einen Freund/ eine Freundin.	Mo ena enn kopin/ kopinn.

Bonzour, zot toule de. Ki posizion?
Hallo, ihr beiden. Wie geht es euch?
Kouma zot pe santi zot?
Wie fühlt ihr euch?

Bonzour Armand! Nou zis kontan, soulaze.
Hallo Armand! Wir sind einfach glücklich und erleichtert.

Kifer?
Warum das denn?

Be, parski anfin nou'nn arive.
Ach, weil wir endlich hier sind.
Liver ti mari long, li ti mari dir. Sa letan gri-la inn deprim nou.
Der Winter war so lang und hart. Das graue Wetter hat uns deprimiert.
Apre vol-la inn bien fatig nou. Twa, korek?
Und dann war der Flug auch noch so anstrengend. Geht's dir gut?

Mo bien mat. Mo bato inn kase.
Naja, ich bin traurig. Mein Boot ist kaputt und
Mo pa kapav al lapes
Ich kann nicht fischen gehen.

Ayo! Vini, nou fer twa bien. Nou pey enn labier pou twa.
Oh je. Komm, wir heitern dich auf. Wir laden dich auf ein Bier ein!

jemanden aufheitern	fer kikenn bien
(wieder) gutmachen	ratrap (mwa/ twa/ limem/ noumem/ zotmem/ oumem/ bann-lamem)
trösten	konsol, konsole
unterstützen	soutenir

Ich fühle mich... Ich bin... Er/ Sie ist...	Mo santi (mwa)... Mo... Li...
aggressiv	brit
angeekelt	gagn degout
ängstlich	pe gagn per
ein Angsthase	enn kapon
begeistert; verzückt; überwältigt	(mari) kontan
beleidigt; verletzt	blese; vexe
besorgt	pe gagn traka
böse	move
dankbar	rekonesan
deprimiert	tris-tris
einsam	tousel
entschlossen	deside pou fer...
entspannt	bien
erleichtert	soulaze
ernst	serye
erschöpft	abou; epwize; plin
fassungslos	dekompoze
fröhlich; glücklich	zwaye; ere
gelangweilt	rann
gelassen	trankil
genervt	gagn ner
gespannt	exite

gestresst; nervös	**strese**
großartig	**serye; drese**
großzügig	**zenere**
herablassend	**gran nwar**
interessiert	**interese**
komisch	**bizar**
krank	**malad**
lustig	**komik**
müde	**fatige; feb**
mutig	**ena kouraz**
neidisch; eifersüchtig	**zalou**
nett	**sinpa; korek**
ruhig	**trankil**
sauer	**ankoler**
schüchtern; scheu; zurückhaltend	**timid**
schwach	**feb-feb**
sicher	**sir**
stark	**for**
stolz	**fier**
traurig; bekümmert; niedergeschlagen	**tris; mat**
überrascht; erstaunt	**sirpri**
unsicher	**pa sir**
unzufrieden	**pa satisfe**
verliebt	**amoure; gate**
verwirrt	**abriti**
verzweifelt	**dezespere**
wild; wütend; aufgebracht; empört	**araze**
zufrieden	**satisfe**
zuversichtlich	**konfian**

Bonzour. Ki ou pe gagne?
Guten Tag. Was fehlt Ihnen?

Mo pe gagn diare depi yer.
Ich habe seit gestern Durchfall.

Eski ou'nn bwar dilo robine?
Haben Sie Leitungswasser getrunken?

Non, mo pa'nn mem servi li pou bros mo ledan.
Nein, ich habe es nicht einmal zum Zähneputzen benutzt.

Dakor. Eski ou ena bann alerzi?
Okay. Haben Sie Allergien?

Non, mo pa krwar.
Nein, nicht, dass ich wüsste.

Eski ou'nn pran medsinn?
Haben Sie schon Medikamente genommen?

Wi, mo'nn pran bann gout kont diare.
Ja, ich habe Tropfen gegen Durchfall genommen.
Sa pa'nn ed mwa.
Diese haben mir aber nicht geholfen.

Alonz ou lor sa sez-la, siouple!
Bitte legen Sie sich auf die Liege!
Mo pou palpe ou vant.
Ich werde Ihren Bauch abtasten.

Dakor.
Einverstanden.

Mo pou donn ou bann medsinn ki pou aret
Ich schreibe Ihnen Medikamente auf, die den
ou diare ek ki pou ranforsi ou lintestin.
Durchfall stoppen und die die Darmflora stärken.

Mersi bokou. Kot ena enn farmasi pre?
Vielen Dank. Wo ist denn die nächste Apotheke?

Kouma ou sorti dan kabine, li zis vizavi.
Wenn Sie aus der Praxis kommen ist sie direkt
gegenüber.

Eski ou kapav donn mwa ordonans-la, siouple?
Können Sie mir bitte das Rezept geben?

Alalila! Normalman ziska demin ou pou korek.
Hier! Spätestens morgen sollte es Ihnen besser gehen.
Sinon retourne, siouple!
Wenn nicht, kommen Sie bitte nochmal wieder!

Mersi. Bonn zourne!
Danke. Einen schönen Tag noch!

Mersi. Bon retablisman!
Danke. Gute Besserung!

Apotheke	farmasi
Arzt/ Ärztin	dokter/ doktores
Krankenhaus	lopital
Medizin	medsinn
Praxis	kabine
Sprechstunde	konsiltasion
Wartezimmer	sal-datant

abtasten	pez, peze
Allergie	alerzi
sich ausziehen	dezabiy, dezabiye
Blut	disan
Durchfall	diare
Entzündung	anflamasion
erbrechen	vomi
Fieber	lafiev
Fieber messen	pran tanperatir
geschwollen	anfle
Gips	plat
heilen	geri
husten	tous, touse
Husten (haben)	(gagn) touse
Impfung	vaksin
Infektion	infeksion
Insektenstich; Mückenstich	pikir bebet; pikir moustik
Kopfschmerzen	migrenn; malad latet
krank (sein)	malad
Krankheit	maladi
kratzen; jucken	grat, grate
niesen	tern, terne
operieren	oper, opere
Rezept	ordonans
Salbe	lapomad
Schmerz(en haben)	(gagn) douler
schmerzen, weh tun	fermal
schwindelig (sein)	(gagn) vertiz

Sonnenbrand (haben)	(gagn) brile ar soley
Sonnenstich (haben)	(gagn) kout soley
Tablette	konprime
Tropfen	gout
untersuchen	konsilte
Urin	lirinn; pisar
Verband	pansman
verletzen	bles, blese
verletzt	blese
Verletzung	blesir
Virus	viris

Auf Mauritius sind Arztbesuche in öffentlichen Krankenhäusern gratis. Allerdings entsprechen diese nicht dem europäischen Standard. Anders sieht dies in privaten Kliniken und Praxen aus. Hier gibt es zur Behandlung allerdings immer eine Rechnung, die sofort beglichen werden muss.

Was fehlt Ihnen?	Ki ou pe gagne?/ Ki'nn ariv ou?
Ich habe...	Mo pe gagn...
Seit wann haben Sie die Beschwerden?	Komie tan ou pe gagn sa problem-la?
Haben Sie Allergien?	Eski ou ena kit alerzi?
Nehmen Sie (andere) Medikamente?	Eski ou pe pran lot medsinn?
Treten die Beschwerden zum ersten Mal auf?	Eski premie fwa ki ou pe gagn sa?
Schmerzt es, wenn ich hier drücke?	Eski fer mal kan mo pez la?
Das sieht nicht so gut aus.	Sa pa pe paret tro korek.
Machen Sie sich keine Sorgen!	Pa kas (la)tet!
In ein paar Tagen geht es Ihnen besser.	Ou pou bien dan detrwa zour.
Ich schreibe Ihnen ein Medikament auf.	Mo donn ou enn medsinn.
Gesundheit!	Ateswe!
Gute Besserung!	Bon retablisman!

Körperteile und Organe:

Arm	**lebra**
Arterie	**larter**
Auge	**lizie**
Augenbraue	**soursi**
Bauch	**vant**
Bein	**lazam**
Brust	**ches**
Brüste	**tete; doudou**
Ellenbogen	**koud**
Finger	**ledwa**
Fuß	**lipie**
Gehirn	**servo**
Gesicht	**figir**
Haar	**seve**
Hals	**lagorz**
Hand	**lame**
Haut	**lapo**
Herz	**leker**
Hüfte	**la-ans**
Kinn	**manton**
Knie	**zenou**
Knöchel	**seviy**
Knochen	**lezo**
Kopf	**latet**
Leber	**lefwa**
Lippe	**lalev**
Lunge	**poumon**

Magen	lestoma
Milz	larat
Mund	labous
Nacken	likou
Nagel	zong
Nase	nene
Niere	lerin
Oberschenkel	lakwis
Ohr	zorey
Penis	kok
Rippe	kot
Rücken	ledo
Schulter	zepol
Stirn	fron
Unterleib	bavant
Vagina	vazin; tounn
Vene	lavenn
Wade	mole
Wimper	sil
Wirbelsäule	kolonn vertebral
Zahn	ledan
Zeh	zortey
Zunge	lalang

Sori, eski ou'nn trouv mo mari?
Entschuldigung, haben Sie meinen Mann gesehen?
Li ti anvi al mars-marse lor laplaz, me selman mo pa pe trouv li.
Er wollte am Strand spazieren, aber ich kann ihn nicht finden.

Kouma li ete?
Wie sieht ihr Mann denn aus?

Li long. Li fer enn met katrovin parla. Ek li meg.
Er ist groß, etwa 1,80m . Und er ist schlank.
Li blan, li blon ek li'nn met en sort-de-bin ble.
Er ist weiß, blond und trägt eine blaue Badehose.

Eski so seve kourt? Li ena labarb?
Sind seine Haare kurz und trägt er einen Bart?

Non, li pena labarb.
Nein, einen Bart trägt er nicht.
So seve kourt ek li lis.
Er hat kurzes, glattes Haar.
Parkont, li ena enn mark lor so zepol drwat.
Er hat allerdings eine große Narbe an der rechten Schulter.

Wi. Mo'nn remark so sikatris.
Ja, die Narbe ist mir aufgefallen.
Gete, ou mari pe pran enn bin-d-soley lor tranzat.
Schauen Sie, Ihr Mann sonnt sich dort drüben auf der Liege.

Ah wi, limem sa. Mersi. Ou'nn bien ed mwa!
Oh, das ist er. Vielen Dank. Sie waren mir eine große Hilfe!

groß	long
klein	tipti
mittelgroß	longer normal; pa tro long, pa tro tipti
dick; übergewichtig	gro
muskulös	miskle
schmächtig	groser normal; pa tro gro, pa tro meg
schlank	meg
gut gebaut	kosto
jung	zen
alt	vie
schwarz	nwar
weiß	blan
Hautfarbe	kouler lapo
Haarfarbe	kouler seve
blond; dunkelblond	blon, blond; satin
brünett; dunkelhaarig; schwarzhaarig	seve nwar
rothaarig	rou, rous
krauses Haar	seve krepi; ti-seve
lockiges Haar	seve boukle
glattes Haar	seve lis
lange Haare	long seve
kurze Haare	seve kourt
Glatze	sof
Bart; Schnauzbart	labarb; moustas
Narbe	mark; sikatris
Tattoo; Tätowierung	tatouaz

Ala, mo mari Chetan.
Das ist mein Mann Chetan.

Ansante. Mo apel Katharina.
Angenehm. Ich heiße Katharina.

Bonzour, Katharina
Hallo Katharina.

Kisann-la sa?
Und wer ist das?

Mo prezant twa mo bann zanfan Pooja ek Kushal.
Darf ich dir meine Kinder vorstellen? Pooja und Kushal.

Kisann-la sa madam ki ar zot-la?
Und wer ist die Frau die bei ihnen ist?

Sharon sa, li zot dadi.
Das ist Sharon, ihre Großmutter väterlicherseits.

„Dadi"? Ki sa mo-la vedir?
„Dadi"? Was bedeutet das Wort?

Sa vedir „granmer". Sharon mama mo mari.
Das heißt „Großmutter". Sharon ist die Mutter meines Mannes.
Alor, li mo belmer.
Also ist sie meine Schwiegermutter.

Baby	ti-baba; ti-bebe
Bruder	frer
Cousin; Cousine	kouzin; kouzinn
Eltern	paran
Enkel	ti-zanfan
Kind	zanfan
Mama	mami; maman
Mutter	mama
Neffe	neve
Nichte	nies
Oma; Großmutter	granmer
Onkel	tonton
Opa; Großvater	granper
Papa	papi
Schwager	bofrer
Schwägerin	belser
Schwester	ser
Schwiegermutter	belmer
Schwiegersohn	zann
Schwiegertochter	belfi
Schwiegervater	boper
Sohn	garson
Tante	matant; tantinn; tann (*nur auf Chagos*)
Tochter	tifi
Vater	papa
Zwillinge; Zwillinge (zwei Mädchen)	zimo; zimel

Bei der indisch-stämmigen Bevölkerung ist die Bezeichnung einiger Familienmitglieder **inpe konplike**, etwas komplizierter. Folgender Stammbaum aus der Sicht der Enkel soll Ihnen Klarheit verschaffen:

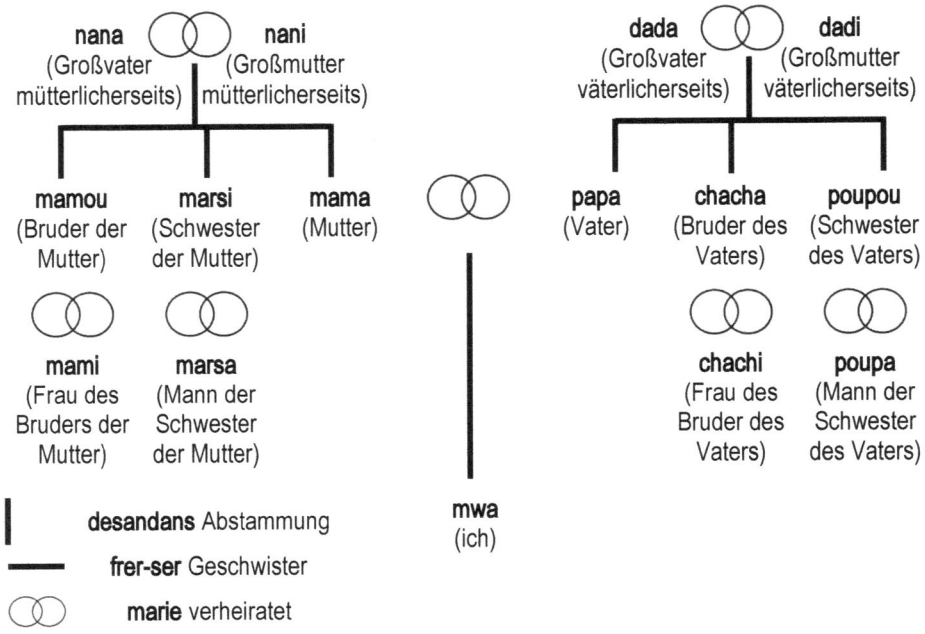

Tiere:

Hast du ein Haustier?	Eski to ena enn zanimo (kot twa)?
Ich habe eine Katze/ einen Hund.	Mo ena enn sat/ enn lisien (kot mwa).
Hier gibt es viele Straßenhunde.	Isi ena bokou lisien eran.
Sind die Affen gefährlich?	Eski bann zako-la danzere?
Nachts machen die Flughunde, Katzen und Straßenhunde Krach.	Pandan/ Diran lanwit, bann sosouri, bann sat ek bann lisien eran fer tapaz.
Darf man die Affen füttern?	Eski kapav donn bann zako manze?
Darf man auf Mauritius jagen/ hochseefischen?	Eski kapav lasas/ lapes an ot-mer Moris?
Ja, aber nur in Jagdgebieten./ Ja, aber nur mit schriftlicher Genehmigung.	Wi, me selman zis dan bann domenn lasas./ Wi, me selman bizin enn *license/*permi.

Affe	zako
Ameise	fourmi
Blindschleiche	koulev
Elefant	lelefan
Ente	kanar
Esel	bourik
Fisch	pwason
Fliege	mous
Flughund; Fledermaus	sosouri; sovsouri
Frosch	krapo
Gecko	lezar
Giraffe	ziraf
Goldfisch	pwason (rouz)
Hahn	kok
Hamster	amster
Hirsch	serf
Huhn	poul
(Straßen)Hund	lisien (eran)
Insekt	bebet
Kakerlake	kankrela
Kaninchen	lapin
Katze	sat
Kuh	vas
Krebs	krab
Löwe	lion
Maus	souri
Meerschweinchen	kosondind
Moskito; Mücke; Gelse	moustik
Pferd	seval

Qualle	mediz
Ratte	lera
Rind	bef
Schaf	mouton
Schildkröte	torti
Schlange	serpan
Schnecke	kourpa
Schwein	koson
Spinne	zaregne
Tausendfüßler	sanpie
Tenrek (Igel)	tandrak; tang
Tier	zanimo
Tintenfisch	ourit
Vogel	zwazo
Wellensittich	peris
Wespe	mous-zonn
Wildschwein	koson maron
Ziege	kabri

Vini! Mo fer twa vizit lakaz.
Komm! Ich zeige dir das Haus.
Anou komans par lakwizinn!
Fangen wir mit der Küche ein!

Li bien gran, in?!
Die ist aber groß!
Li pli gran ki pou mwa.
Viel größer als meine.

Nou, bann Morisien, nou bien kontan kwi manze.
Wir Mauritier kochen gerne.
Mo espere ki to pou reste pou dine!
Ich hoffe, dass du heute zum Abendessen bleibst!

Serye. Mersi to linvitasion!
Sehr gerne. Danke für die Einladung!

Ala nou salon. La-mem
Hier ist unser Wohnzimmer. Hier
Chetan touletan get so foutborl!
guckt Chetan immer Fußball!

Laba lasal-debin, non?
Dahinten ist bestimmt das Badezimmer, oder?

Sa-mem. A kote ena nou lasam.
Genau. Daneben ist unser Schlafzimmer.
Aster to bien konn nou lakaz.
Jetzt kennst du dich bei uns aus.
Fer koumadir kot twa!
Fühl dich wie Zuhause!

Badezimmer	sal-debin
Balkon	teras
Büro	biro
Erdgeschoss	redsose
Esszimmer	sal-a-manze
Etage	letaz
Fenster	lafnet
Fußboden	sali
Garten	zardin; lakour
Grundstück	terin
Haus	lakaz
Hauseigentümer	proprieter
Kinderzimmer	lasam zanfan
Keller	lakav
Küche	lakwizinn
Nachbar/in	vwazin; vwazinn
Raum	lasam
Schlafzimmer	lasam
Terrasse	lavarang
Treppe	leskalie
Wohnung	lapartman
Wohnzimmer	salon
Bett	lili
Bürste	bros
Decke	kouet
Dusche	kabinn dous
Gabel	fourset
Glas	ver
Handtuch	serviet-a-men

Herd	four
Kissen	kousin
Kühlschrank	frizider
Lichtschalter	take lalimier
Löffel	kouyer
Messer	kouto
Moskitonetz	moustiker
Mülleimer	poubel
Pfanne; Topf	poelon; kasrol
Schlüssel	lakle
Schrank	larmwar
Schüssel	bol
Schwamm	pinki
Sessel	fotey
Sofa	divan; fotey
Spiegel	mirwar
Spüle	levie
Stuhl	sez
Tasse	tas
Teller	lasiet
Tisch	latab
Toilette	twalet
Tür	laport
Wand	miray
Waschbecken	lavabo
Wäscheleine	lakord-linz
Waschmaschine	masinn-a-lave
Zahnbürste	bros-a-dan
Zahnpasta	dantifris

Ki relizion to ete?
Welche Religion hast du eigentlich?

Mo katolik. Twa?
Ich bin katholisch. Und du?

Li inpe konplike. Mo papa
Das ist etwas kompliziert. Mein Papa ist
katolik ek dan Dimans li al lames.
katholisch und geht jeden Sonntag in
die Messe.

To mama?
Und deine Mutter?

Li indou. Li krwar dan Shiva
Sie ist Hindu. Sie glaubt an Shiva
ek dan Ganesh ek li abitie al tanp.
und Ganesh und geht regelmäßig in den Tempel.

Be twa? To pa krwar dan okenn?
Und du glaubst weder an das eine noch an das andere?

Mo plito swiv mo papa. Me selman mo anvi
Ich folge eher meinem Vater. Aber um meine Mutter
mo mama fier. Parfwa mo al tanp ek mo met sari.
Stolz zu machen, gehe ich manchmal in den Tempel und
trage einen Sari.

Be to frer?
Und dein Bruder?

Mo frer inn konverti. Li'nn vinn
Mein Bruder ist zum Islam konvertiert.
mizilman. La, li pe fer ramadan.
Er macht gerade Ramadan.

Atheist/in	ate
beten	fer laprier
Buddhist/in	boudis
Christ/in (Katholik, Protestant, Anglikaner)	kretien (katolik, protestan, anglikan)
Christentum	kristianis
fasten	fer karem
Fastenzeit; Ramadan	karem; ramadan
Gebet	laprier
getauft	batize
Glaube	krwayans
glauben	krwar
gläubig	krwayan
Glocke	laklos
Gott	bondie
Hindu	indou
Hinduismus	relizion indou
Islam	lislam
Kerze	labouzi
Kirche	legliz
konvertieren	konverti
Messe; Gottesdienst	lames
Moschee	mosk
Muslim/in	mizilman
Opfergabe	ofrand
Pagode	pagod
Pilger/in	pelrin
pilgern	fer pelrinaz
praktizierend	pratikan
Priester	pret

Räucherstäbchen	sandal
Religion	relizion
(streng) religiös	(bien) relizie
religiöser Feiertag	fet relizie
Tamile	tamoul
Tamilentempel	kovil
Taufe	batem
(Hindu)Tempel	tanp (indou)
Urdu	ourdou

Welche Religion hast du?	Ki relizion to ete?
Ich bin getauft, aber nicht gläubig.	Mo batize, me mo pa krwayan.
Ich spreche nicht gerne über Religion.	Mo pa kontan koz lor relizion.

Ena bokou bann tanp indou dan Moris

Einer der vielen Hindutempel auf Mauritius

Sprachwandel gehört zu jeder lebendigen Sprache natürlicherweise dazu. Er findet sogar dann statt, wenn Sprachen durch Grammatiken und Orthografien fixiert werden, mit der Absicht, sie für Lerner zugänglicher zu machen. Beim Mauritius-Kreol ist der Versuch der Vereinheitlichung noch sehr jung. Entsprechend flexibel zeigt sich die Sprache. Die großen Einflüsse der Dachsprachen Englisch und Französisch, sowie der verschiedenen anderen Sprachen auf Mauritius tragen ihren Teil dazu bei, dass das Mauritius-Kreol, das wir heute auf der Straße hören, fast immer Einflüsse von *code-switching* (Wechsel in eine andere Sprache) oder diastratische (schichtbezogene) Färbungen zeigt. Häufig ist nicht auszumachen, ob es sich gerade um kreolisiertes Französisch oder französiertes Kreol handelt.

Dieser Abschnitt dieses Sprachführers soll Ihnen nicht-standardisierte Ausdrücke näher bringen, über die Sie auf jeden Fall auf Mauritius stolpern werden.

(jmd.) auf den Arm nehmen; veräppeln	**pran nisa (ar kikenn)**
sich beeilen *(wörtlich: schneiden, rasieren)*	**taye-raze…**
(jemanden) beschwatzen	**met dan siro**
chillen; abhängen	**kas enn poz**
(sich) durchbeißen	**manz ar kitsoz**
ernst bleiben	**met serye**
faulenzen	**met sek**
jemandem die Stirn/ Paroli bieten	**met ar kikenn**
jemandem völlig egal sein	**ferfout**
lügen	**koz manti**
negativ überrascht sein	**mang**
spazieren gehen	**bat enn kare**
Tratschtante; Klatschbase	**madam-zanlwi**
über jemanden lästern	**koz-koze enn dimounn**
Unsinn reden	**koz ninport; koz betiz**
vorehelicher Geschlechtsverkehr *(die unreife/grüne Banane essen)*	**manz banann ver**
überall den eigenen Vorteil suchen *(die Banane von beiden Seiten essen)*	**manz banann dan de bout**
(etwas) wegmachen; geben *(derb)*	**bour (enn kiksoz)**
sich zusammenschließen	**marye-pike**

Die ersten Wörter einer neuen Sprache sind meistens die Schimpfwörter, da sie oft sehr eingängig sind und einem an jeder Ecke begegnen. Beim Mauritius-Kreol ist das nicht anders! Diese Ausrufe werden Ihnen sicherlich während Ihres Mauritius-Aufenthaltes auffallen:

Achtung!	Tansion!
Alles klar! Okay!	Dakor!; Ale rayt!; Oke!
also dann...	ale...
Alter *(wörtlich: Schwanz!)*	gogot
Arschloch! *(sehr beleidigend)*	Kakaliki!; Pilon! Gogot!
Auf keinen Fall! (*wörtlich: engl. No way!*)	Pena sime!
Ey!	Etal; Ta!
Freund	larme; mam; matlo
Halt! Stop!	Chombo!
Hier keinen Müll abladen!	Pa zet salte isi!
Idiot	kouyon; inbesil; dogla
Ja ja! *(ungläubig)*	Sanse la!
Komm zur Sache!	Pa fer kata-kata!
Kümmere dich um deine eigenen Mist!	Vey to zafer!
Mist!	Beze!
Nicht schlimm!	Anplas sa!
Oh Gott!, Herrgott! *(bestürzt)*	Bondie, segner, mari zozef!; Mo fami!
Scheiße! *(sehr vulgär)*	Gogot!
sehr schlecht	dan bez
Super!, Geil!	Serye!; Drese (partou)!
Tut mir leid!	Sori!
Typ; Kerl; Freund	mam
Unglaublich!	Pa dir mwa!; Mari sa!
Was für ein Mist!	Ki kouyonad!
Was ist das?	Ki te ha? (=Ki ete sa?)
Was ist los?	Kave? (=Ki pe arive?)
Wow! Wahnsinn!	Koze!; Zoto!; Manman!

Ein umgangssprachliches Phänomen, dessen Ursprung bist heute nicht wirklich geklärt ist, sind die mauritischen Zahlencodes. In der folgenden Tabelle finden Sie einige häufig verwendete Zahlen. Achtung: Viele davon sind sehr derb oder abwertend.

Tod; tot; gestorben	**4 – kat**
homosexuell; schwul	**6 – sis**
verrückt werden	**14 vinn 28 – katorz vinn vintwit**
Brüste; Busen	**15 – kinz**
Stuhl	**16 – sez**
hübsches Mädchen	**17 – diset**
betrunken; besoffen	**21 – vint-e-enn**
Hindu; Mauritier indischer Herkunft (*abwertend*)	**22 – vennde**
Hunger; hungrig	**24 – vennkat**
Polizist	**27 – vennset**
losgehen; aufbrechen	**28 – vintwit**
pinkeln	**29 – vintnef**
Chinese; Mauritier chinesischer Herkunft (*abwertend*)	**32 – trannde**
feste Freundin; schöne Frau	**35 – trannsink**
Hintern; Po	**40 – karant**

Übersetzen Sie doch mal:
Defwa kan mo 21, mo 14 vinn 28 ek mo gagn per ki sa zoli 17-la avek so gro 15 ek so zoli 40, li enn 27.

ähm; dings	**soz...**
also	**sa vedir**
das	**sa; ha** (*mündlich*)
genau	**mem; em** (*mündlich, nachgestellt*)
sozusagen; als ob	**koumadir**
völlig; komplett; total	**net** (*nachgestellt*)

Aufmerksamkeit bekommen Sie durch die Interjektionen **ta!**, **eta!** oder ein nachgestelltes **do!** Letzteres hat tatsächlich nur die Aufgabe, die vorangegangene Information zu unterstreichen. Unsicherheit und Unentschlossenheit drücken Sie mit den Interjektionen **be** oder **abe** aus.

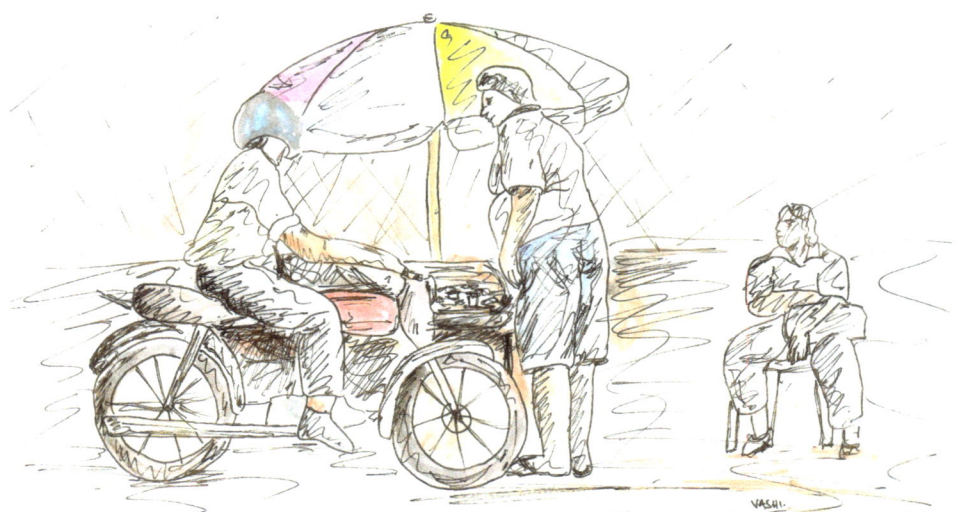

Sie haben bereits mehrere mauritische Wörter kennengelernt, die im Deutschen sehr viele Bedeutungen haben: etwa **mem** (selbst; gleich; genau; tatsächlich; persönlich; sogar) und **gagne** (haben; werden; verdienen; gewinnen; bekommen).

Zum Schluss kommen hier noch zwei unumgängliche Wörter hinzu, die auf Mauritius so präsent sind, dass sie sogar ihren Weg in das regionalsprachliche Französisch gefunden haben und von jeder Schicht verwendet werden: **mari** und **ayo**.

Das vielseitige Wörtchen **mari** kann als Adverb („sehr"), als Adjektiv („besondere/r/s"), als Komparativ („besser"), als Interjektion („Unglaublich!") und sogar als Nomen („Ehemann") verwendet werden.

Fer <u>mari</u> so.	Es ist <u>sehr</u> heiß.
Li to <u>mari</u> lor foutborl.	Er ist <u>besser</u> als du im Fußball.
Li enn <u>mari</u> dimounn.	Er/ Sie ist eine <u>besondere</u> Person.
<u>Mari</u> sa!	Das ist ja <u>unglaublich</u>!
Li mo <u>mari</u>.	Er ist mein <u>Ehemann</u>.

Ayo! ist hingegen immer eine Interjektion. Dafür kann dieses Chamäleon-Wort, das vermutlich aus einer Bantusprache in Mozambik stammt, je nach Betonung sämtliche Gefühle von Wut über Ärger, Angst, Traurigkeit, Mitleid, Erleichterung, Lust und Überraschung bis hin zur ausgelassenen Freude ausdrücken.

Aaaayoooo! Ti-baba-la mari minion!	Ohhh! Das kleine Baby ist total süß!
Ayo! Les-mwa trankil!	Man! Lass' mich in Ruhe!
Ayooo! Liverpool inn perdi ankor!	Ohjee! Liverpool hat schon wieder verloren!
Ayo! Ala mo sega prefere!	Oh! Das ist mein Lieblingslied!

Nun sind Sie wirklich bestens vorbereitet! Viel Spaß und Erfolg! **Bonn sans ek bon kouraz!**

LEXIK   KREOL MORISIEN-ALMAN

Der letzte Teil Ihres Sprachführers dient Ihrem Wortschatz. Wenn Sie über ein kreolisches Wort stolpern, können Sie es zwischen über 1700 Einträgen in alphabetischer Reihenfolge auf den Seiten 175 bis 193 finden.

A

abit, abite	wohnen
abitan	Einwohner(in)
abitie	gewohnt sein
abiy, abiye	anziehen
abiz, abize	vergewaltigen; missbrauchen
aboli	abschaffen
abriti	Blödmann
absan	abwesend
adilt	Erwachsene(r)
adision	Summe; Betrag; Rechnung
admir, admire	bewundern
adolesan	Jugendliche(r)
adolesans	Jugend
ador, adore	verehren
adorab	liebenswert
adrwat	rechts
adverser	Gegner(in)
aeropor	Flughafen
afebli	abschwächen
agas, agase	genervt sein
agos	links
agreab	angenehm
agrikilter	Bauer; Bäuerin
agrikiltir	Landwirtschaft
akoz	weil
akoz *(Rodr.)*	wieso
akseler, akselere	beschleunigen
aksepte	akzeptieren
aksidan	Unfall
al, ale	gehen
ala	voilà; Hier!
Alalila!	Hier ist es!
alim, alime	anmachen
alman	deutsch
Alman	Deutsch; Deutsche(r)
alonz, alonze	hinlegen
alor	also
amelior, ameliore	verbessern
amenn, amene	mitnehmen; mitbringen
amoure	verliebt sein
an	Jahr
anba	auf dem Boden; unten
anba-lao	verkehrtherum
anbaras, anbarase	sich schämen
anbasad	Botschaft
anbras, anbrase	küssen
andezord	unordentlich
andikape	Behinderte(r); behindert
angle	englisch
Angle	Englisch; Engländer(in)
anpann	eine Panne haben
anpoul	Glühbirne
anretar	zu spät sein
ansam	zusammen
ansien	alt
ansint	schwanger
antiderapan	rutschfest
anvi	möchten; Lust haben zu
anvlop	Umschlag
anvol, anvole	fliegen, abheben
ape	*(unabgeschlossene Handlung)*
aprann	lernen
apre	dann, danach, nach
aprezan *(Rodr.)*	jetzt, nun
apriko	Aprikose
ar	mit; und
aranz, aranze	arrangieren
aret, arete	aufhören
asiz, asize	setzen
aspir, aspire	atmen
aspirater	Staubsauger
aste	kaufen
aster, aster-la	jetzt
aswar	abends
atann	warten
atenn	erreichen

ava; a; va	(Handlungen in der Zukunft)
avantaz, lavantaz	Vorteil
aveg	Blinde(r); blind
avek	mit
avion	Flugzeug
avoka	Avocado
avoka	Anwalt; Anwältin
avoy	schicken; senden
avoy promne	ignorieren
Avril	April
ayo	ohje, wow
azans vwayaz	Reisebüro
azar	Zufall
azordi	heute

B

bag	Ring
baget	Baguette
balad	Spaziergang
balie	Besen
banane	Jahre; Neujahr
banann	Banane
bann	die (Pluralmarker)
bar	Bar; Restaurant
basin	Wasserbecken
bat, bate	schlagen; spielen [Instrument]
bat-bate	Gelegenheitsarbeiten machen
batiman	Gebäude
bato	Boot
batri	Batterie; Akku
bazar	Markt
be	Bucht
bebet dibwa	Termite
bebet elikopter	Libelle
bef	Rind
bet	dumm
betrav	Rote Beete
bien	gut; viel
biento	bald
bil	Rechnung
biro	Büro; Schreibtisch
bis	Bus; Kleinbus
biskwi	Keks
bistop	Bushaltestelle

bizin	müssen; brauchen
biznes	Geschäft
bizou	Schmuck; Kuss
blag	Witz
blan	weiß
ble	blau
bles, blese	verletzt
blesir	Verletzung
bliye	vergessen
bokou; boukou	viel, viele
bol	Schale
Bonane!; Banane!	Frohes Neues!
bondie	Gott
boner	Glück
Bonnaniverser!	Herzlichen Glückwunsch zum Geburtstag!
book	reservieren
bor	Grenze
boug	Mann; Typ; Freund
boul	Ball
boulanzri	Bäckerei
bonn	Hausmädchen; Haushaltshilfe
bouson	Deckel; Korken
boutey	Flasche
bouyon	Bouillon; Brühe
brek	Pause
brile	verbrennen; Verbrennung
briye	scheinen
brizan	Riff
brokoli	Brokkoli
bros	Bürste
bros, brose	bürsten; putzen [Sinn: Zähneputzen]
bwa	Wald
bwar	trinken
bwat	Kiste; Dose
bwat-o-let	Briefkasten

C

chak, chake	spazieren gehen; eine Tour machen
chek	Kontrolleur(in)
chek, cheke	überprüfen
chin-chin!	Prost!
chips	Pommes
chombo!	Stop!; Halt!

D

dabor	zuerst
Dakor!	Einverstanden! Okay!
dan plas	anstatt; an Stelle von
dans	Tanz
dans, danse	tanzen
danze	Gefahr
danzere	gefährlich
dat	Würfel
de	zwei
debarder	Unterhemd
degaz, degaze	sich beeilen
dekol, dekole	abheben
dekouver	entdecken
dekrir	beschreiben
delwil	Öl
demann, demande	fragen
demi-er	Halbestunde
demin	morgen
deng	Denguefieber
denn	Truthahn
deodoran	Deodorant
deor	draußen
depar	Abfahrt; Aufbruch
depes, depese	beeilen
depi	seit; ab
deranz, deranze	stören
deryer	hinter
Desam	Dezember
desann	runter gehen
deser	Nachtisch
desid, deside	entscheiden
desinn, desine	zeichnen, malen
deskripsion	Beschreibung
destinasion	Ziel
deteste	hassen
devan	vor
devlop, devlope	entwickeln
devlopman	Entwicklung
devwar	Aufgabe
deza	schon; bereits
dezene	Mittagessen
dezenn, dezene	mittagessen
dezir	Wunsch
dezision	Entscheidung
diab	Teufel
dialog	Dialog

diaman	Diamant
diare	Durchfall
diber	Butter
dibwa	Holz
diezel	Diesel
dife	Feuer
difikilte	Schwierigkeit
difil	Faden
difisil	schwierig
diksioner	Wörterbuch
dile	Milch
dilo	Wasser
dimal	Schmerz
Dimans	Sonntag
dime	morgen
dimiel	Honig
dimounn	Person; Leute; man
dine	Abendessen
dinn, dine	zu Abend essen
dipin	Brot
dipwav	Pfeffer
dir	sagen
dir	schwierig
direksion	Richtung
diri	Reis
dirouz	Lippenstift
diroz	Make-up
dis	zehn
dis	Lied
disan	Blut
disel	Salz
diset	siebzehn
disik	Zucker
diskawnt	Preisnachlass; Discount
diskision	Streit
diskit, diskite	diskutieren
diskit, diskite	streiten
diskotek	Diskothek
diskre	diskret sein
disnef	neunzehn
disparet	verschwinden
disponib	verfügbar
distans	Entfernung
distraksion	Vergnügung
dite	Tee
ditin	Thymian
divan	vor
divan	Wind
divin	Wein
dizef	Ei

dizwit	achtzehn	eroinn	Heldin
dodann	Bremsschwelle	eropeen	Europäer(in); europäisch
dofin	Delfin	eski	*Fragewort*
dokiman	Dokument	esklav	Sklave; Sklavin
dokter	Arzt	esklavaz	Sklaverei
doktores, doktris	Ärztin	esper, esprere	hoffen
domaz	schade	eswe	nicht bestehen,
don	Spende		durchfallen
donk	also	ete	sein
donn enn klak	eine Ohrfeige geben	etidian	Student(in)
donn, done	geben	etranze	Ausländer(in)
dormi	schlafen	euro	Euro
dou	süß	evidaman	selbstverständlich
doub	doppelt	exazer, exazere	übertreiben
douler	Schmerz	exist, existe	existieren, leben
dous	Dusche	exkiz	Entschuldigung
dous, douse	duschen	exkiz, exkize	entschuldigen
dousman	langsam	explik, explike	erklären
dout, doute	zweifeln; vermuten	explikasion	Erklärung
douz	zwölf	exsepsion	Ausnahme
dra	Bettlaken	extra	sehr; super
drapo	Flagge		
Drese!	Alles super!		
drwa	Recht		

E

F

eberzman	Unterkunft	fakter	Postbote; Postbotin
ed, ede	helfen	fam	Frau
eg	sauer	fami	Familie
egar, egare	verlaufen; verlegen	far	Leuchtturm
eg-dou	süß-sauer	fasil	einfach
ek	und	fatig, fatige	jemanden langweilen
ekonomiz,		fatige	müde
ekonomize	sparen	favorize	bevorzugen
ekout, ekoute	hören	fay	von schlechter Qualität
ekrir	schreiben	fe	Fakt
ekrivin	Autor(in)	feb	schwach
ekrivis	Flusskrebs	fedartifis	Feuerwerk
elastoplas	Pflaster	feeling	Gefühl
e-mail	E-Mail	fek	gerade eben etwas
ena	haben		getan haben
enerv, enerve	nerven		*(unmittelbare*
enn	ein, eine, eins		*Vergangenheit)*
epise	würzig	fer	machen
ere	glücklich	fer enn barbecue	grillen
erer	Fehler	fer enn randone	wandern
ero	Held	fer fre	es ist kalt
		fer karem	fasten
		fer dimal	wehtun; schmerzen
		fer pese	sündigen

fer vwar	zeigen
ferfout	jemandem ganz egal sein
ferm, ferme	schließen
fermal	wehtun
fes	Hintern
fet	Feier; Party
fet, fete	feiern
Fevriye	Februar
fey	Blatt
fezab	machbar
fidel	treu
fidelite	Treue
fier	stolz sein
fierte	Stolz
figir	Gesicht
filing	Tankstelle
fim	Film
fime	rauchen
fin	Hunger; hungrig sein
fini	beenden
finn	*(abgeschlossene Handlungen)*
flambwayan	Flammenbaum
flat	Appartment
fol	verrückt
foli	Verrücktheit
fonse	dunkel
fopa	Faux pas
for	stark
form, forme	formieren, bilden
formasion	Ausbildung
formidab	außergewöhnlich
formil, formile	formulieren
fors, forse	zwingen
fortifie	stärken
fos	falsch.
fot	Fehler
foto	Foto
fourmi	Ameise
fourset	Gabel
foutborl	Fußball
franbwaz	Himbeere
franse	französisch;
Franse	Französisch; Franzose; Französin
fransman	ehrlich
frap, frape	beeindrucken; auffallen
fraternite	Brüderlichkeit
fraz	Satz

frazil	empfindlich; zerbrechlich
fre	frisch; kühl; kalt
fre	Kosten
fren, frene	bremsen
frer	Bruder
frez	Erdbeere
fridlapasion	Passionsfrucht
frin	Bremse
frir	frittieren; frittiert
friyapin	Brotfrucht
frizer	Gefrierschrank
frizider	Kühlschrank
fromaz	Käse
frwi	Frucht

G

gagn, gagne	bekommen; haben; werden; gewinnen; verdienen
gagnan	Gewinner(in)
gajak	Snack
galoup, galoupe	rennen
gar, gare	parken
garanti	garantieren
garaz	Autowerkstatt
gard, garde	behalten
gardri	Kinderkrippe
garson	Sohn; Junge
gaspiy, gaspiye	verschwenden
gaspiyaz	Verschwendung
gat, gate	verwöhnen; verderben
gate	Schatz, Liebling
gato	Kuchen; fritt. Gebäck
geri	heilen; gesund werden
get, gete	sehen
gid	Sprachführer
ginion	Pech; Pechsträhne
girlfrenn	Freundin, Partnerin
glase	gefroren; eiskalt
gom	Radiergummi
gonfle	anschwellen
gorl	Tor [Sport]
gorz	Hals
gos	links
gou	Geschmack
gout, goute	probieren, abschmecken

gram	Gramm
gramatin	Morgen; früh morgens
gramer	Grammatik
gran	groß
grandi	wachsen
granmer	Großmutter; Oma
grann-rout	Hauptstraße
granper	Großvater; Opa
grat, grate	kratzen
grav	schlimm
grenadinn	Granatapfel
grenouy	Frosch
gri	grau
grinp, grinpe	klettern
griy, griye	grillen
gro-ker	eifersüchtig
group	Gruppe

H

haji	muslimischer Pilger
halaal	halal [nach islamischem Glauben erlaubt]
hall	Halle
hijaab	Kopftuch, Schleier
home	zu Hause
HSC	Abitur in Mauritius (*Higher School Certificate*)

I

id *(engl.)*	Ausweis
ilegal	illegal
ilwa	Inselbewohner(in)
imatrikilasion	Kennzeichen
imin	menschlich; Mensch
indistri	Industrie
infirmie	Krankenschwester
iniform	Uniform
inkonfortab	unbequem
inosan	unschuldig
inpe	wenig; ein bisschen
inpermeab	wasserundurchlässig
inpoli	unfreundlich
inport, inporte	importieren
inportan	wichtig
inposib	unmöglich

inpresionan	beeindruckend
inpridan	unvorsichtig; leicht-sinnig
insekt	Insekt
insilt, insilte	beleidigen
insolan	frech, respektlos
intak	intakt; unversehrt
interdi	verboten
interesan	interessant
internasional	international
internet	Internet
interpret	Übersetzer(in)
intoksikasion	Vergiftung
invant, invante	erfinden
invit, invite	einladen
invitasion	Einladung
inzis	ungerecht
iresponsab	verantwortungslos; unverantwortlich
irzan	dringend
isi	hier
itil	nützlich
itinerer	Wegbeschreibung

J

jak	Experte, Ass, Champion
jalsa	Feier; Party
jam	Konfitüre, Stau
jim	Fitnessstudio
job	Arbeit; Job
joging	Jogging
jok	Witz, Spaß
joumka	Ohrring

K

ka'v	können; vielleicht
kaba	Handtasche
kabine	Toilette
kabri	Ziege
kadna	Vorhängeschloss
kado	Geschenk
kafe	Kaffee
kalamar	Calamares
kalbas	Kürbis
kalkil	Berechnung
kalkil, kalkile	rechnen

kalm	ruhig	ki	was; dass;
kalman	Schmerzmittel		*(Relativpronomen)*
kamaleon	Chamäleon	ki	als *(zur Steigerung)*
kamarad	Freund; Freundin	kifer	warum; wieso
kamaron	Riesengarnele;	kikenn	jemand
	Gambas	kiksoz	etwas
kamion	Lastwagen; LKW	kilot	Unterhose
kamomiy	Kamille		[nur für Frauen]
kanape	Sofa	kiltir	Kultur
kanar	Ente	kinkayri	Eisenwarengeschäft
kanel	Zimt	kinz	fünfzehn
kanif	Taschenmesser	kisann-la	wer; der
kankrela	Kakerlake		*(Relativpronomen)*
kanpe	campen	kitfwa	vielleicht
kanpman	Ferienhaus	klavie	Tastatur
kantite	Menge	klignotan	Blinker
kapav; ka'v	können	kliyan	Kunde; Kundin
kapav; ka'v	vielleicht	kof	Kofferraum
kapo	Autodach	koki	Schneckenhaus
kapon	feige; Feigling	kokiaz	Muschel
kapot	Kondom	kokin; koken	stehlen; klauen
kapsil	Kronkorken	koko	Kokosnuss
karakter	Charakter	kokom	Gurke
karamel	Karamell	kokotie	Kokospalme
karanbol	Sternfrucht	koleg	Kollege; Kollegin
karot	Möhre; Karotte	kolie	Kette
kart	Karte	koloran	Farbstoff
kartpostal	Postkarte	komann	Bestellung
kas	Geld	komann, komande	bestellen
kas, kase	(zer)brechen; pflücken	komie	wie viel; wie viele
kas enn poz	Zeit verbringen ohne	kominote	Gemeinschaft (Glauben,
	etwas Besonderes zu		Ethnie)
	tun	komputer	Computer
kas enn riye	sich totlachen	kondir, kondire	fahren; steuern
kas konte	die Stimmung verderben	konfortab	bequem
kas, kase	zerbrechen; zerstören;	konn, kone	kennen; wissen
	pflücken	konplet	vollständig
kask	Helm	konpliman	Kompliment
kaskad	Wasserfall	konser	Konzert
kasket	Kappe	konsey	Ratschlag; Tipp
kaskol	Schal	kontan	lieben; mögen
kasrol	Topf	kontravansion	Strafe
kat	vier	kontrer	Gegenteil
katorz	vierzehn	kontrol, kontrole	kontrollieren
kawe	Regenjacke	kontroler	Schaffner(in)
kennsel	absagen; canceln	konversasion	Unterhaltung
kestion	Frage	konze	Feiertag
ki	welche; welcher;	konzel, konzele	einfrieren
	welches	kopi	Kopie
		kopie	kopieren

korek	gut; richtig; einverstanden	labous	Mund
kosgard	Küstenwache	laboutik	Geschäft
kosmar	Albtraum	labwason	Getränk
koson	Schwein	ladan	innerhalb; drinnen
koste	annähern; näher kommen	ladwann	Zoll
koste	in der Nähe von, neben	laenn	Hass
kosto	stark; robust	lafami	Familie
kot	wo; bei	lafarinn	Mehl
kotomili	Koriander	lafarmasi	Apotheke
koton	Baumwolle	lafatig	Müdigkeit
koudme	Hilfe	lafenet	Fenster
kouler	Farbe	laferm	Bauernhof
koulev	Schlange [Tier]	lafiev	Fieber
kouma	wie	lafil	Schlange
koumadir	sozusagen; als ob		[schlange stehen]
koumansman	Anfang	lafime	Rauch
koup, koupe	schneiden	lafin	Ende
kouran	Strom; Elektrizität	lafin	Hunger
kourpa	Schnecke	lafis	Poster
kourzet	Zucchini	laflam	Flamme
kouver	bedeckt	laflit	Flöte
kouzin	Cousin	lafore	Wald
kouzinn	Cousine	lafors	Kraft
koz, koze	sprechen	Lafrik	Afrika
krab; krap	Krabbe	lafwa	Glaube
kras, krase	spucken	lager	streiten; Streit; Krieg
kravat	Krawatte	laglas	Spiegel
kraz, kraze	zerdrücken; zerstören	lagon	Lagune
kreol	kreolisch	lagorz	Hals
Kreol	Kreol; Kreole; Kreolin	lagrev	Streik
krep	Crepes	lagrip	Grippe
krevet	Garnele	lak	See
kreyon	Bleistift	lakav	Keller
kri	roh	lakaz	Haus
kritik	Kritik	lakes	Kasse
kritik, kritike	kritisieren	lakle	Schlüssel
kriy, kriye	rufen, schreien	laklos	Glocke
krosir	Fußgängerüberweg;	lakol	Klebstoff
	Zebrastreifen	lakot	Küste
krwar	glauben	lakour	Hof
kwi	etwas schnell fertig stellen	lakrem	Creme
kwizine	kochen	lakrout	Kruste
		lakrwa	Kreuz
		lakwis	Oberschenkel
		lalamp	Lampe
		lalang	Zunge; Sprache
		lalenn	Atem
laba	dort	lalenn	Wolle
labalenn	Wal	lalev	Lippe
labou	Schlamm	lalimier	Licht; Lampe

L

lalinn	Mond	larivier	Fluss
laliv	Pfund	larme	Kumpel; Freund
lalkol	Alkohol	larout	Reise; Straße
Lalmagn	Deutschland	lasab	Sand
lamare	Gezeiten	lasanser	Fahrstuhl; Aufzug
lamars	Stufe	lasante	Gesundheit
lamarye	Braut	lasiet	Teller
lame	Hand; Arm	latab	Tisch
lamem	hier	latant	Zelt
lamer	Meer	latet	Kopf
lames	Messe; Gottesdienst	latreskolant	Tesafilm
lames	Docht	lav, lave	waschen
lamezon	Zuhause	lavani	Vanille
lamitie	Freundschaft	lavantaz	Vorteil
lamizer	Armut	lavantir	Abenteuer
lamizik	Musik	lavi	Leben; Ausblick
lamone	Geld	lavil	Stadt
lamour	Liebe	lavwa	Stimme
lamour-prop	Selbstachtung	lay	Motte
lamoutard	Senf	laz	Alter
lamwatie	Hälfte	lazam	Bein
lanatir	Natur	lazans vwayaz	Reisebüro
landemin	morgen, am nächsten Tag	lazourne	tagsüber
langaz	Sprache	lebra	Arm
lanez	Schnee	led	Hilfe
laniverser	Geburtstag	ledan	Zahn
lanterman	Beerdigung	ledo	Rücken
lanti	Linse	ledwa	Finger
lantre	Eingang	legim	Gemüse
lanvi	Lust	legliz	Kirche
lanwit	Nacht	leker	Herz
lao	oben	lekip	Mannschaft
laont	Scham	lekol	Schule
laparey	Gerät	lekor	Körper
lapat	Pfote	lenor	Norden
lapenn	Kummer; Leid	ler	Luft
lapes	angeln; fischen; Angeln	ler	Uhrzeit
lapeti	Appetit	lera	Ratte
lapin	Kaninchen	lerb	Kraut; Gras
laplaz	Strand	Lerop	Europa
lapli	Regen	lertan	Stunde
lapo	Haut	lerwa	König
lapolis	Polizei	les	Osten
laport	Tür	les, lese	lassen
lapos	Post	lesans	Benzin
lapres	Presse	lesarp	Schal
lapriyer	Gebet	lesiel	Himmel
larenie	Spinne	leskalie	Treppe
larenn	Königin	lespwar	Hoffnung
lari	Straße	lestoma	Magen

let	Brief
letan	Zeit
letan	Wetter
letaz	Etage
lete	Sommer
leti	Kopfsalat
letsi	Litschi
lever	Wurm
lexanp	Beispiel
lexersis	Aufgabe
lexperyans	Erfahrung
lezar	Gecko
lezo	Knochen
lezot	Anderen
li	er; sie; es
lib	frei
lide	Idee
liev	Hase
likou	Nacken
lil	Insel
lili	Bett
limer	Stimmung; Laune
limon	Limette
limour	Humor
lindepandans	Unabhängigkeit
Lindi	Montag
linet	Brille
liniversite	Universität
lintansion	Absicht
lintere	Interesse
lintestin	Darm
linvers	Gegenteil
linz	Kleidung
linzri	Unterwäsche
lion	Löwe
lipie	Fuß; Bein
lir	lesen
lirinn	Urin
lisien	Hund
lisou	Kohl
listwar	Geschichte
lit	Liter
liv	Buch
liv	Pfund
liver	Winter
lizie	Auge
loder	Geruch
lokasion	Vermietung
lokater	Mieter(in)
lom	Mann

lonbraz	Schatten
longer	Länge
lopital	Krankenhaus
lor	auf; über; oberhalb von
lor	Gold
loraz	Unwetter; Gewitter
lorye	Kopfkissen
losean	Ozean
lot	anderer; nächster
lotel	Hotel
loter	Autor(in)
loto	Auto
Lotris	Österreich
loulou	Wolf
lours	Bär
lwe	mieten
lwes	Westen
lwin	weit

M

madam	Frau
magazin	Geschäft
magazinn	Magazin
mal	männlich
malad	krank
maladi	Krankheit
malang	schmutzig
malprop	dreckig
malsans	Pech; Unglück
mama	Mutter; Mama
mamzel	junge Frau; Fräulein
mang	Mango
manier	Art und Weise
mank, manke	fehlen
mansonz	Lüge
manti	lügen
manz, manze	essen
manze	Essen
Mardi	Dienstag
mari	sehr
mari	Ehemann
mari	der Beste; die Beste
marmelad	Marmelade
maron	braun
Mars	März
marsan	Händler(in)
maryaz	Hochzeit

matant	Tante	nanye	nichts
matla	Matratze	napa	*Marker für Verneinung*
mayonez	Mayonnaise	nasion	Nation
mazinn, mazine	nachdenken; vorstellen	**Nasion**	Afrikaner(in)
Me	Mai	nasion	Kaste
me	aber	nasionalite	Nationalität
meb	Möbel	natir	Natur
medikaman	Medikament	nay	nein
mekanik *(Rodr.)*	Sache, Ding, Dingsbums	naz, naze	schwimmen
melon	Melone	ne	geboren werden,
melondo	Wassermelone		geboren sein
Merkredi	Mittwoch	nef	neun
mersi	danke	negosie	handeln
mesaz	Nachricht	nek	nur, lediglich
met dan korek	in Ordnung bringen	nene	Nase
met sek	trocknen	nepli	nicht mehr
met, mete	setzen; stellen; legen; tun	nerve	nervös
meteo	Wettervorhersage	nesans	Geburt
metis	Mischling	net	völlig, komplett
mikro-ond	Mikrowelle	netway, netwaye	putzen
mil	tausend	niaz	Wolke
minit	Minute	niaze	bewölkt
minn	Nudel	nimero	Nummer
minwi	Mitternacht	ninport	was auch immer, Quatsch,
mo	Wort		Unsinn
mo	ich	niouz; news	Nachrichten, Neuigkeiten
mor	tot	nisa	Stimmung einer Feier
mord, morde	beißen	nom	Name
Moris	Mauritius	non	nein
morisien	mauritisch	not, note	aufschreiben
Morisien	Mauritier	nou	wir
Morisienn	Mauritierin	nouritir	Nahrung
mous	Fliege	nouvo	neu
mous zonn	Wespe	**Novam**	November
moustik	Mücke	nwar	schwarz, dunkel
mouton	Schaf	nway, nwaye	ertrinken
move	schlecht; böse	nwazet	Haselnuss
mwa	mich, mir *(Pronomen 1.*	nwel	Weihnachten
	Person Singular als		
	Objekt)		
mwin	weniger *(zur Steigerung)*		
mwins	weniger		

N

namaste	Guten Tag,
	Auf Wiedersehen!
	[bei Hindus]

O

oberzinn	Aubergine
obi	Hobby
obligatwar	obligatorisch; verpflichtend
obze	Objekt, Sache
ofer	schenken
ofet	eigentlich
oka	für den Fall, dass

oke	okay, einverstanden	Padkwa!	Keine Ursache!
okenn	kein, keine	pagaye	paddeln, rudern
okip, okipe	kümmern; verantwortlich sein	pagla, pagli	verrückt (männlich / weiblich)
Oktob	Oktober	pak	Ostern
olie	anstatt	pake	Paket
onet	ehrlich	pale	nicht wollen
onte	beschämend, sich schämen	palmie	Palme
		palto	Jackett; Pullover
onz	elf	pan	Pfau
oper, opere	operieren	pandan	während
opoz, opoze	vergleichen	pandi	hängen
or	Gold	pankor	noch nicht
oranz	orange	pans, panse	denken
Orevwar!	Auf Wiedersehen!	pantalon	Hose
ordinater	Computer	papa	Vater; Papa
orib	schrecklich	papay	Papaya
orizinal	original	papi	Opa, Großvater
orizinn	Herkunft	papie	Papier
orl	Halle	papiyon	Schmetterling
ortey	Zeh	paradi	Paradies
O-sekour!	Hilfe!	paran	Eltern
osi; ousi	auch; gleich *(Steigerung)*	parapli	Regenschirm
ot	hoch	parasit	Fallschirm
otan... ki	gleich... wie	parasol	Sonnenschirm
otomobilis(t)	Autofahrer(in)	Pardon!	Entschuldigung!
otoriz, otorize	erlauben	pare	bereit
otour	um; rundherum; um...herum	pares	faul; bequem
		paret	scheinen; erscheinen
otrefwa	früher	parey	gleich
otreman	andernfalls; sonst	parfe	perfekt
otrisien	österreichisch	parfin	Parfum, Geruch
Otrisien	Österreicher(in)	parfwa	manchmal
ou	Sie; Ihr	pari	Wette
ou	oder	park, parke	parken
oubien	oder	par-ker	auswendig
oule	wollen; möchten	parking	Parkplatz
ourit	Tintenfisch	parl, parle	sprechen
oursin	Seeigel	parla	hier in der Nähe
ousi; osi	auch	parski	weil
ouswa	oder	partaz, partaze	teilen
Out	August	parter	Blumenbeet
ouver	offen; öffnen	parter	auf dem Boden
oz, oze	wagen	parti	Partei
		partikilie	besonders
		partisip, partisipe	teilnehmen
P		partisipan	Teilnehmer(in)
		partou	überall
pa	nicht	pas, pase	passieren; besuchen; vorbeigehen; schaffen

pasaze	Passagier	pi	stinkend
pase	Vergangenheit	pie	Baum
pasians	Geduld	pieni	barfuß
pasion	Leidenschaft	pier	Stein
paspor	Reisepass	pikant	scharf
pasrel	Fußgängerbrücke	pikerpoket	Taschendieb
pastan	Hobby, Zeitvertreib	piknike	picknicken
paste	Sieb	pilil	Tablette
paster	Pastor	pilon	homosexuell
pasti	Bonbon	piman	Chili
patatipatata	blablabla	pisinn	Schwimmbad; Pool
paternel	väterlich	pitie	Mitleid
patisie	Konditor(in)	pitza	Pizza
patisri	Konditorei	pla	Gang [Essen]; Speise
patpatwa	Motorrad	plak, plake	hinsetzen; sitzen
patrimwann	Erbe	plant	Pflanze
patron	Chef	plas	Platz; Ort
patronn	Chefin	platform	Forum
patwa	Dialekt; Mundart	ple	Wunde
paz	Seite	pleg	Steckdose
pe	Frieden	pleng, plegne	beschweren; meckern
pe	*unabgeschlossene Handlungen*	pli	mehr; *(zur Steigerung von Adjektiven)*
pe inport	egal	plin	voll; genug; ausreichend
pede	homosexuell	plis	mehr
pei	Land	plitar	später
peizaz	Landschaft	plito	früher
pelis	Plüschtier	plonz, plonze	tauchen; schnorcheln;
pelrin	Pilger(in)		schlafen gehen; einen Tag
pena	nicht haben; es gibt nicht		frei nehmen
penaliz, penalize	bestrafen	plor, plore	weinen
pengn	Kamm	pokpok	Angst haben
pengn, pengne	kämmen	pom	Apfel
penn	malen	pomdamour	Tomate
pennding	alles klar, schwebend, laufend	ponpie	Feuerwehr
		por	Hafen
penwar	Bademantel	pork	Schweinefleisch
pep	Volk	portab	Handy
per	Angst	portfey	Portmonnaie; Geldbörse
perdi	verlieren; verloren	portmone	Portmonnaie; Geldbörse
peris	Wellensittich	posed, posede	besitzen
permet	erlauben	posib	möglich
permi	Führerschein	posibilite	Möglichkeit
permision	Erlaubnis	poskart	Postkarte
persi	Petersilie	pou	*(Handlungen in der Zukunft)*
personn	niemand		
peser	Fischer	pou	für; von; um
petar	Kracher, Böller	poubel	Mülleimer
petartifis	Feuerwerk	poudinn	Pudding
pey, peye	bezahlen; zahlen	pouja	Gebet *(Hindu)*

poul	Huhn
poule	Hähnchen
poupet	Puppe
pouri	indisches Brot
pouri	verderben, mies
	schlecht werden/sein
pous	Daumen
pous, pouse	drücken; schieben
povrete	Armut
poz	Pause
poz, poze	hinstellen; abstellen
pran	nehmen; zunehmen
pre	bereit
pre pou	im Begriff sein etwas zu
	tun *(unmittelbare Zukunft)*
prefer, prefere	bevorzugen
premie	Erste(s,r)
prepar, prepare	vorbereiten
pres, prese	sich beeilen, Eile haben
preske	fast
pret, prete	ausleihen
prezans	Anwesenheit
prezidan	Präsident
pri	Preis
prinn	Pflaume
printan	Frühling
prive	privat
priz	Steckdose
priz	Blutabnahme
prizon	Gefängnis
problem	Problem
profeser	Lehrer(in)
promes	Versprechen
promet	versprechen
prop	sauber
prop	eigen
proprieter	Eigentümer(in)
pros	nah(e)
prosin, prosenn	nächster, nächste,
	nächstes
protez	schützen
pwa	Gewicht
pwar	Birne
pwaro	Lauch
pwason	Fisch
pwavron	Paprika
pwint	Spitze

R

radio	Radio
rafresi	erfrischen
rakont, rakonte	erzählen
ram, rame	rudern, paddeln
ramas, ramase	einsammeln, aufsammeln
ramas kas	(Geld) sparen
randevou	Termin
randone	Wanderung
rankont	Treffen
rankontre	treffen
rann	unangenehm; hässlich
rann enn servis	einen Gefallen tun
rann lekor	aufgeben
rann vizit	besuchen
rann, rande	zurückgeben; übergeben;
	wiedergeben
ranpli	füllen
rant, rantre	reingehen, eintreten
ranvers, ranverse	umdrehen
ranze	aufräumen
rapel	sich erinnern
rapid	schnell
rar	selten
ras	Ethnie
rat, rate	verpassen
rayt	Okay, einverstanden
raz, raze	rasieren
reapel, reapele	zurückrufen
redsose	Erdgeschoss
reflesi	nachdenken
regret, regrete	bereuen
rekin	Hai
rekolt	Ernte
rekolt, rekolte	ernten
relizie	religiös
relizion	Religion
remersi, remersie	bedanken
renar	Fuchs
repar, repare	reparieren
repet, repete	wiederholen
repiblik	Republik
reponn	antworten
repons	Antwort
res trankil	schweigen
res(t), reste	bleiben
res, reste	wohnen; leben

resanblans	Ähnlichkeit
resanble	ähneln
resepsion	Rezeption
resepsionis	Rezeptionist(in)
reset	Rezept [Küche]
resi	schaffen, gelingen
resif	Riff
resof, resofe	erwärmen
respe	Respekt
respir, respire	atmen
restoran	Restaurant
retar	Verspätung
retourn, retourne	wiederkommen; wiedergeben
retrete	Rente; Rentner(in)
rev	Traum
rev, reve	träumen
rezidans	Wohnsitz
rezin	Weintraube
rezion	Region
riban	Haarband
ribann	Sonnenbrille
rido	Gardine; Vorhang
riral	ländlich
ris	reich; Reiche(r)
riy, riye	lachen
robine	Wasserhahn, Wasserleitung
robo	Ampel
rod, rode	suchen
Rodrig	Rodrigues
rodrige	Person, die auf Rodrigues lebt
rom	Rum
romantik	romantisch
romarin	Rosmarin
ronpwin	Kreisverkehr
ros	Stein; Fels
roti	gebraten
roupi	Rupie
rouz	rot
roz	rosa, Rose
rush	Eile
rwinn, rwine	ruinieren; zerstören; kaputt machen

S

sa	das, dieses

sagrin	traurig; Traurigkeit
sak	Tasche
sak; sakenn	jeder, jede, jedes
saki	dieses; jenes; welches
sal	dreckig, schmutzig
salad	Salat
saladie	Salatschüssel
Salam!	Tschüss
saldebin	Badezimmer
sale	gesalzen
sali	Fußboden
sali	dreckig
salon	Wohnzimmer
salte	Müll; Schmutz; Abfall
Samdi	Samstag
samem	genau das
san	ohne
san	hundert
sandriye	Aschenbecher
sanmil	Tausendfüßler
sanpiyon	Champignon
sanse	angeblich; scheinbar
sant	Zentrum
sant, sante	singen
sante	Lied
santer	Sänger
santez	Sängerin
santim	Cent
santiman	Gefühl
santimet	Zentimeter
sanz, sanze	ändern; verändern
sapin	Tanne
sapin pou Nwel	Weihnachtsbaum
sapit	Kapitel
sapo	Hut
sarbon	Kohle
sarm	Charme
sarman	charmant
sarye	transportieren
sarz, sarze	aufladen
sat	Katze
satini	*würzige Tomatensoße*
sato	Schloss, Burg
savat	Flip Flop
savedir	das heißt
savire	umdrehen
savon	Seife
say, saye	rutschen; beleidigen
se	das ist; es ist
sef	Chef; Experte

sega	typisch mauritische Musik und Tanz
segon	Zweite(r,s)
sek	trocken; abrupt
seki	dieses; jenes; welches
sel	alleine; nur
selebre	feiern
selibater	alleinstehend, single
selman	nur
selman	aber
semenn	Woche
semin	Weg; Straße
semiz; simiz	Hemd
senn	Sender; Szene; Wirbel
Septam	September
ser	Schwester
ser	teuer
sereng	Spritze
serf	Hirsch
seriz	Kirsche
serpan	Schlange
sers, serse	suchen
servi	brauchen; gebrauchen; nützlich sein; benutzen
serviet	Handtuch
servo	Gehirn
serye	prima, toll, großartig, geil, ernst
seswar	Föhn
set	sieben
seval	Pferd
seve	Haar
sevret	Garnele
sey, seye	versuchen; probieren
sez	Stuhl
sez	sechzehn
sezour	Aufenthalt
shekenn	Handschlag
si	doch
si	wenn
sid	Süden
SIDA	AIDS
sifi	genug, ausreichend
sifle	pfeifen
sigaret	Zigarette
signal, signale	Bescheid sagen; zeigen
signatir	Unterschrift
siklonn	Zyklon
sikre	gezuckert, süß
sikreri	Süßigkeit

silans	Ruhe
silteple	bitte [duzend]
silvouple	bitte [siezend]
sime	Weg; Straße
sime-koupe	Abkürzung [Weg]
sinema	Kino
sink	fünf
sinp	einfach
sinpa	sympathisch
sinwa	chinesisch; sinomauritianisch
Sinwa	Chinese
Sinwaz	Chinesin
siouple	bitte [siezend]
sipamwal *(Rodr.)*	Wenn ich mich nicht irre!
sipermarse	Supermarkt
sir	sicher
sis	sechs
sitron	Zitrone
skouter	Roller
so	sein, ihr *(Possessivpronomen der 3. Person Singular)*
so	heiß; warm
sof	außer
sofer	Fahrer(in)
sokola	Schokolade
soley	Sonne
somey	Schlaf; Müdigkeit
somon	Lachs
son, sone	klingeln
sori	Entschuldigung
sorti	aus... kommen; herauskommen; hinausgehen
soset	Socke
sosis	Wurst
sostomat	Ketchup
sot, sote	springen
sou	unter
sou	betrunken sein
soufer	leiden
soufler	Blumenkohl
soulie	Schuh
souri	Maus
sourir	lächeln
sous, souse	lutschen; lecken
souvenir	Erinnerung
souy, souye	abtrocknen

sov, sov	fliehen; in Sicherheit bringen
sovaz	wild; unerzogen
sovsouri	Fledermaus; Flughund
soy	Pech; Unglück
soz	Ding; Sache; ähm
spor	Sport
stad	Stadion
stasion	Polizeiwache
stepne	Ersatzrad
stop, stope	aufhören
stres	Stress
strese	stressig
swa... swa	entweder... oder
swaf	Durst haben
swar	Abend
swazir, swazire	aussuchen
swet, swete	wünschen
swiv	folgen

T

tabazi	typisches mauritisches Lädchen; Tabakladen
takdil	Schicksal
tamarin	Tamarindenfrucht
tamtam	Feier mit Musik und Tanz
tanbour	Trommel
tang	Tenrek; Igel
tansion	Vorsicht
tantinn	Tante
tanto	Nachmittag
tap, tape	klopfen
tapaz	Krach; Unruhe
tapi	Teppich
tar	spät
tas	Tasse
tatwaz	Tätowierung
taxi	Taxi
tay	Größe
tcholo	Stimmungsmacher
teat	Theater
telefonn	Telefon
telefonn, telefone	telefonieren; anrufen
tem	Briefmarke
tengn, tegne	ausmachen
termin, termine	beenden
ti	*(Handlungen in der Vergangenheit)*

ti	klein
ti-baba; ti-bebe	Baby
ti-dezene	Frühstück
tifi	Mädchen
tifi	Tochter
tiginn	ein bisschen
tigit	ein bisschen
tika	auf Tandoori-Art zubereitetes Fleisch
tika	*Roter Punkt auf der Stirn von Hindufrauen*
tiket	Ticket
timid	schüchtern
tini	halten; festhalten
tips	Trinkgeld
tipti	klein
tipwa	Erbse
tir, tire	ziehen
tir-bouson	Korkenzieher
tizanfan	Enkel(in)
to	du
toast	Toastbrot
tol	Wellblech
tolerans	Toleranz
tom, tonbe	fallen
tomat	Tomate
ton	Thunfisch
tonton	Onkel
top	super; das Beste
torti	Schildkröte
touletan	immer
toulezour	jeden Tag
touni	nackt
touris	Tourist(in)
tous, touse	anfassen
tousel	alleine
touy, touye	töten; umbringen
touzour	dennoch; wenigstens
tradir	übersetzen
traka	Sorge
trakas, trakase	beunruhigen
trankil	ruhig
trans	Scheibe
trant	dreißig
tras, trase	markieren, zeichnen; zurecht kommen
travay	arbeiten; Arbeit
treining	Training
trez	dreizehn

triko	T-Shirt; Pullover
tris	traurig
tro	zuviel
trou	Loch
trouble	sorgen, beunruhigen
trouv lamor	sterben
trouv som	schlecht sehen
trouv, trouve	sehen; gucken; finden
trwa	drei
twa	dich, dir *(Pronomen 2.Person Singular als Objekt)*
twalet	Toilette

V

va; a; ava	*(Handlungen in der Zukunft)*
vag	Welle
vakans	Urlaub; Ferien
vaksin	Impfung
valiz	Koffer
Vandredi	Freitag
vann, vande	verkaufen
vann	Van; Kleinbus
vant	Bauch
vas	Kuh
vedir	bedeuten
ver	Glas
ver	in Richtung
ver	grün
verite	Wahrheit
vey, veye	überwachen; aufpassen auf
vezetaryin	Vegetarier(in), vegetarisch
vi	Ausblick, Sicht
vie	alt
vilaz	Dorf
vilin	häßlich; unehrlich; gemein
vin	zwanzig
vinn, vini	kommen; werden
viole	violett, lila
vir, vire	drehen; umdrehen
viraz	Kurve
viris	Virus
vir-vire	abhängen; umherstreifen; umherstreunen

vit; vit-vit	schnell
viv	leben
vizit	besuchen
vo	wert sein
vol	Flug
vol, vole *(Rodr.)*	stehlen, klauen
vomi	sich übergeben; brechen
vot, vote	wählen
vre	richtig, wahr
vremem; vreman	wirklich, tatsächlich
vwar	sehen, besuchen, aufsuchen
vwayaz, vwayaze	reisen
vwazin, vwazinn	Nachbar(in)

W

wadir, wadire	sozusagen; als ob
waiter	Bedienung, Kellner
warning	warnen
wi	ja
wikenn	Wochenende
wit	acht
witnes	bezeugen, Zeuge werden von

X

x-ray	Röntgenbild

Y

yaourt	Joghurt
yapyap	viel reden oder essen
yenn	starkes Verlangen
yer	gestern

Z

zabitan	Einwohner, Bewohner(in)
zafer	Sache; Ding
zako	Affe
zalou	eifersüchtig
zame	niemals, jemals
zanana	Ananas

zanbon	Schinken
zanfan	Kind
zanimo	Tier
zanti	nett
Zanvie	Januar
zardin	Garten
zarm	Waffe
zaze	quatschen
Zedi	Donnerstag
zenes	Jugendliche(r)
zeni	Genie
zenn	jung
zenou	Knie
zepinar	Spinat
zepis	Gewürz
zepol	Schulter
zero	null
zet, zete	werfen; schmeißen
zetwal	Stern
zetwal-filant	Sternschnuppe
Zezi	Jesus
zi	Saft
zile-softaz	Rettungsweste
Zilie	Juli
zimaz	Bild
zimo	Zwillinge (männlich,
zimel	weiblich)
zinzam	Ingwer
zip	Rock
ziraf	Giraffe
ziromon	Kürbis
zis	nur; genau
ziska	bis
zistwar	Geschichte
Ziyet	Juli
zoke	Jockey
zoli	schön
zom	Mann
zonn	gelb
zoranz	Orange, orange
zordi	heute
zordizour	heutzutage
zorey	Ohr
zot	ihr; sie
	(Personalpronomen 2. und
	3. Person Plural)
zot kamarad	sich gegenseitig
zoum	zoomen, Zoom

zour, zoure	fluchen; schwören
zoure	Schimpfwort
zournal	Zeitung
zourne; lazourne	Tag (in seinem Verlauf)
zwaye	glücklich
zwayon	Zwiebel
zwazo; zozo	Vogel
zwe	spielen; Spiel
zwenn	treffen; verbinden; sich mit
	Küsschen begrüßen
Zwin; Zin; Zien	Juni
zwit	Auster

VASHI.

WORTSCHATZ DEUTSCH - MAURITIUS-KREOL

Möchten Sie die kreolische Entsprechung zu einem deutschen Wort finden? Dann sind Sie auf den Seiten 194 bis 212 richtig. In alphabetischer Reihenfolge finden Sie insgesamt über 1700 deutsche Stichwörter.

A

ab	depi
Abend	swar
Abendessen	dine
abendessen	dinn, dine
abends	aswar
Abenteuer	lavantir
aber	me, selman
Abfahrt	depar
Abfall	salte
abhängen	vir-vire
abheben	dekol, dekole; anvol, anvole
Abitur	HSC
Abkürzung [Weg]	sime-koupe
abrupt	sek
absagen	kennsel; anil, anile
abschaffen	aboli
abschmecken	gout, goute
abschwächen	afebli
Absicht	lintansion
abstellen	poz, poze
abtrocknen	souy, souye
abwesend	absan
acht	wit
achtzehn	dizwit
Affe	zako
Afrika	Lafrik
Afrikaner(in)	Nasion; Afrikin
ähneln	resanble
Ähnlichkeit	resanblans
AIDS	SIDA
Akku	batri
akzeptieren	aksepte
Albtraum	kosmar
Alkohol	lalkol
alleine	tousel; sel
alleinstehend	selibater
als *(zeitlich)*	kan

als *(Vergleich)*	ki
als ob	koumadir; wadir, wadire
also	donk; alor
alt	ansien; vie
Alter	laz
am nächsten Tag	landemin
Ameise	fourmi
Ampel	robo
an Stelle von	dan plas
Ananas	zanana
Anderen	lezot
anderer	lot
ändern	sanz, sanze
andernfalls	otreman
Anfang	koumansman
anfassen	tous, touse
angeblich	sanse
Angeln, angeln	lapes
angenehm	agreab
Angst	per
Angst haben	pokpok; per
anmachen	alim, alime
annähern	koste
anrufen	telefonn, telefone sonn, sone
anschwellen	gonfle
anstatt	olie, dan plas
Antwort	repons
antworten	reponn
Anwalt; Anwältin	avoka
Anwesenheit	prezans
anziehen	abiy, abiye
Apfel	pom
Apotheke	lafarmasi
Appartment	flat
Appetit	lapeti
Aprikose	apriko
April	Avril
Arbeit	travay, job
arbeiten	travay
Arm	lebra; lame

arm	pov
Armut	povrete; lamizer
arrangieren	aranz, aranze
Art und Weise	manier
Arzt	dokter
Ärztin	doktores, doktris
Aschenbecher	sandriye
Ass	jak
Atem	lalenn
atmen	aspir, aspire; respir, respire
Aubergine	oberzinn
auch	ousi; osi
auf	lor
auf dem Boden	parter; anba
Auf Wiedersehen!	Orevwar!; Bye!; Namaste!
Aufbruch	depar
Aufenthalt	sezour
auffallen	frap, frape
Aufgabe	devwar; lexersis
aufgeben	rann lekor
aufhören	aret, arete; stop, stope
aufladen	sarz, sarze
aufpassen auf	vey, veye
aufsammeln	ramas, ramase
aufschreiben	not, note
aufsuchen	vwar
Aufzug	lasanser
Auge	lizie
August	Out
aus... kommen	sorti...
Ausbildung	formasion
Ausblick	(la)vi
Ausländer(in)	etranze
ausleihen	pret, prete
ausmachen	tengn, tegne
Ausnahme	exsepsion
ausreichend	sifi; ase; plin
außer	sof
außergewöhnlich	formidab
aussuchen	swazir, swazire
Auster	zwit
Ausweis	id *(engl.)*
auswendig	par-ker
Auto	loto
Autodach	kapo
Autofahrer(in)	otomobilis(t)
Autor(in)	ekrivin, loter
Autowerkstatt	garaz

Avocado	avoka

B

Baby	ti-baba; ti-bebe
Bäckerei	boulanzri
Bademantel	penwar
Badezimmer	saldebin
Baguette	baget
bald	biento
Ball	boul
Banane	banann
Bar	bar
Bär	lours
barfuß	pieni
Batterie	batri
Bauch	vant
Bauer; Bäuerin	agrikilter
Bauernhof	laferm
Baum	pie
Baumwolle	koton
bedanken	remersi, remersie
bedeckt	kouver
bedeuten	vedir
Bedeutung	meaning
Bedienung	waiter
beeilen	depes, depese; degaz, degaze; pres, prese
beeindrucken	frap, frape
beeindruckend	inpresionan
beenden	fini; termin, termine
Beerdigung	lanterman
behalten	gard, garde
Behinderte(r); behindert	andikape
bei	kot
Bein	lazam; lipie
Beispiel	lexanp
beißen	mord, morde
bekommen	gagn, gagne
beleidigen	insilt, insilte; say, saye
benutzen	servi
Benzin	lesans
bequem	konfortab; pares
Berechnung	kalkil
bereit	pare; pre
bereits	deza

bereuen	regret, regrete
beschämend	onte
Bescheid sagen	signal, signale
beschleunigen	akseler, akselere
beschreiben	dekrir
Beschreibung	deskripsion
beschweren	pleng, plegne
Besen	balie
besitzen	posed, posede
besonders	partikilie
Beste(r)	mari
bestellen	komann, komande
Bestellung	komann
bestrafen	penaliz, penalize
besuchen	(rann) vizit; pas, pase; vwar
Betrag	adision
betrunken sein	sou
Bett	lili
Bettlaken	dra
beunruhigen	trakas, trakase; trouble
bevorzugen	favorize; prefer, prefere
Bewohner	zabitan
bewölkt	niaze
bewundern	admir, admire
bezahlen	pey, peye
bezeugen	witnes
Bild	zimaz
bilden	form, forme
Birne	pwar
bis	ziska
bisschen (ein~)	inpe; tigit; tiginn
bitte [duzend]	silteple
bitte [siezend]	silvouple; siouple
blablabla	patatipatata
Blatt	fey
blau	ble
bleiben	res(t), reste
Bleistift	kreyon
blind, Blinde(r)	aveg
Blinker	klignotan
Blödmann	abriti
Blumenbeet	parter
Blumenkohl	soufler
Blut	disan
Blutabnahme	priz
Böller	petar
Bonbon	pasti
Boot	bato
böse	move

Botschaft	anbasad
Bouillon	bouyon
brauchen	bizin; servi
braun	maron
Braut	lamarye
brechen [Krankheit]	vomi
Bremse	frin
bremsen	fren, frene
Bremsschwelle	dodann
Brief	let
Briefkasten	bwat-o-let
Briefmarke	tem
Brille	linet
Brokkoli	brokoli
Brot	dipin
Brotfrucht	friyapin
Bruder	frer
Brüderlichkeit	fraternite
Brühe	bouyon
Buch	liv
Bucht	be
Büro	biro
Bürste	bros
bürsten	bros, brose
Bus	bis
Bushaltestelle	bistop
Butter	diber

C

Calamares	kalamar
campen	kanpe
Cent	santim
Chamäleon	kamaleon
Champignon	sanpiyon
Champion	jak; sanpion
Charakter	karakter
charmant	sarman
Charme	sarm
Chef	patron; sef
Chefin	patronn
Chili	piman
chinesisch	sinwa
Chinese; Chinesin	Sinwa; Sinwaz
Cousin	kouzin
Cousine	kouzinn
Creme	lakrem
Crepes	krep

D

danach	apre
danke	mersi; korek
dann	apre
Darm	lintestin
das heißt	savedir
das ist	se
dass	ki
Daumen	pous
Deckel	bouson
Delfin	dofin
Denguefieber	deng
denken	pans, panse
dennoch	touzour
Deodorant	deodoran
deutsch	alman
Deutsch	Alman
Deutsche(r)	Alman
Deutschland	Lalmagn
Dezember	Desam
Dialekt	patwa
Dialog	dialog
Diamant	diaman
dich, dir	twa
Dienstag	Mardi
Diesel	diezel
dieses	sa
dieses;	
jenes; welches	saki; seki
Ding	soz; zafer; obze
Discount	diskawnt
Diskothek	diskotek
diskret sein	diskre
diskutieren	diskit, diskite
doch	si
Docht	lames
Dokument	dokiman
Donnerstag	Zedi
doppelt	doub
Dorf	vilaz
dort	laba
Dose	bwat
draußen	deor
dreckig	malprop; sal; sali; malang
drehen	vir, vire
drei	trwa

dreißig	trant
dreizehn	trez
dringend	irzan
drinnen	ladan
drücken	pous, pouse
du	to
dumm	bet
dunkel	fonse; nwar
Durchfall	diare
durchfallen	eswe
Durst haben	swaf
Dusche	dous
duschen	dous, douse

E

Ebbe	lamare-ba
egal sein	pe inport
Ehemann	mari
ehrlich	fransman; onet
Ei	dizef
eifersüchtig	gro-ker; zalou
eigen	prop
eigentlich	ofet
Eigentümer(in)	proprieter
Eile	rush
Eile haben	pres, prese
ein bisschen	tiginn; tigit; tipe
ein, eine, eins	enn
einfach	fasil; sinp
einfrieren	konzel, konzele
Eingang	lantre
einladen	invit, invite
Einladung	invitasion
einsammeln	ramas, ramase
eintreten	rant, rantre
einverstanden	korek; dakor
Einwohner(in)	zabitan; abitan
eiskalt	glase
Elektrizität	kouran
elf	onz
Eltern	paran
E-Mail	e-mail
empfindlich	frazil
Ende	lafin
Engländer(in)	Angle
englisch	angle
Englisch	Angle

Enkel(in)	tizanfan
entdecken	dekouver
Ente	kanar
Entfernung	distans
entscheiden	desid, deside
Entscheidung	dezision
entschuldigen	exkiz, exkize
Entschuldigung	exkiz
Entschuldigung!	Pardon!; Sori!
entweder... oder	swa... swa
entwickeln	devlop, devlope
Entwicklung	devlopman
er	li
Erbse	tipwa
Erdbeere	frez
Erdgeschoss	redsose
Erfahrung	lexperyans
erfinden	invant, invante
erfrischen	rafresi
erinnern (sich~)	rapel
Erinnerung	souvenir
erklären	explik, explike
Erklärung	explikasion
erlauben	otoriz, otorize; permet
Erlaubnis	permision
ernst	serye
Ernte	rekolt
ernten	rekolt, rekolte
erreichen	atenn
Ersatzrad	stepne
erscheinen	paret
Erste(s,r)	premie
ertrinken	nway, nwaye
Erwachsene(r)	adilt
erwärmen	resof, resofe
erzählen	rakont, rakonte
es	li
essen	manz, manze
Essen	manze
Etage	letaz
Ethnie	ras
etwas	kiksoz
Euro	euro
Europa	Lerop
Europäer(in),	
europäisch	eropeen
existieren	exist, existe
Experte	sef; jak

F

Faden	difil
fahren	kondir, kondire
Fahrer(in)	sofer
Fahrstuhl	lasanser
Fakt	fe
fallen	tom, tonbe
Fallschirm	parasit
falsch	fos
Familie	fami; lafami
Farbe	kouler
fast	preske
fasten	fer karem
faul	pares
Faux pas	fopa
Februar	Fevriye
fehlen	mank, manke
Fehler	erer; fot
Feier	tamtam; fet; jalsa; lafaya
feiern	fet, fete; selebre
Feiertag	konze
feige; Feigling	kapon
Fels	ros
Fenster	lafenet
Ferien	vakans
Ferienhaus	kanpman
festhalten	tini
Feuer	dife
Feuerwehr	ponpie
Feuerwerk	fedartifis; petartifis
Fieber	lafiev
Film	fim
finden	trouv, trouve
Finger	ledwa
Fisch	pwason
fischen	lapes
Fischer	peser
Fitnessstudio	jim
Flagge	drapo
Flamme	laflam
Flammenbaum	flambwayan
Flasche	boutey
Fledermaus	sovsouri
Fliege	mous
fliegen	anvol, anvole
fliehen	sov, sove
Flip Flop	savat

Flöte	laflit
fluchen	zour, zoure
Flug	vol
Flughafen	aeropor
Flughund	sovsouri; sosouri
Flugzeug	avion
Fluss	larivier
Flut	lamare-ot
Föhn	seswar
folgen	swiv
formieren	form, forme
formulieren	formil, formile
Forum	platform
Foto	foto
fotografieren	tir foto
Frage	kestion
fragen	demann, demande
Franzose; Französin	Franse
französisch	franse
Französisch	Franse
Frau	fam; madam
Fräulein	mamzel
frech	insolan
frei	lib
freinehmen	
(einen Tag~)	plonz, plonze
Freitag	Vandredi
Freund	kamarad; kamwad; larme
Freund [Partner]	boyfrenn; kopin
Freundin	kamarad; kamwad
Freundin [Partnerin]	girlfrenn; kopinn; trannsink
Freundschaft	lamitie
Frieden	pe
frisch	fre
frittieren; frittiert	frir
Frohes Neues!	Bonane!; Banane!
Frosch	grenouy
Frucht	frwi
früh morgens	gramatin
früher	otrefwa; plito
Frühling	printan
Frühstück	ti-dezene
Fuchs	renar
Führerschein	permi
füllen	ranpli
fünf	sink
fünfzehn	kinz
für	pou
für den Fall, dass	oka

Fuß	lipie
Fußball	foutborl
Fußboden	sali

G

Gabel	fourset
Gang [Essen]	pla
garantieren	garanti
Gardine	rido
Garnele	krevet; sevret
Garten	zardin
Gebäude	batiman
geben	donn, done
Gebet	pouja; lapriyer
geboren	
werden/sein	ne
gebraten	roti
gebrauchen	servi
Geburt	nesans
Geburtstag	laniverser
Gecko	lezar
Geduld	pasians
Gefahr	danze
gefährlich	danzere
gefallen	gagn bonn; kontan
Gefallen (tun)	rann enn servis
Gefängnis	prizon
Gefrierschrank	frizer
gefroren	glase
Gefühl	santiman; feeling
Gegenteil	kontrer; linvers
Gegner(in)	adverser
gehen	al, ale
Gehirn	servo
geil	serye; drese; extra; siper
gelb	zonn
Geld	kas; lamone
Geldbörse	portfey; portmone
Gelegenheits- arbeiten machen	bat-bate
gelingen	resi; pas, pase
Gelse	moustik
gemein	vilin
Gemüse	legim
genau	zis
genau das	samem
genervt sein	agas, agase

Genie	zeni
genug	sifi; plin
geöffnet	ouver
Gerät	laparey
Geruch	loder; parfin
gesalzen	sale
Geschäft	biznes; laboutik; magazin
Geschenk	kado
Geschichte	listwar; zistwar
geschlossen	ferme
Geschmack	gou
Gesicht	figir
gestern	yer
gesund werden	geri
Gesundheit	lasante
Getränk	labwason
Gewicht	pwa
gewinnen	gagn, gagne
Gewinner(in)	gagnan
Gewitter	loraz
gewohnt sein	abitie
Gewürz	zepis
Gezeiten	lamare
gezuckert	sikre
Giraffe	ziraf
Glas	ver
Glaube	lafwa
glauben	krwar
gleich	parey
Glocke	laklos
Glück	boner
glücklich	ere; zwaye
Glühbirne	anpoul
Gold	lor; or
Gott	bondie
Gramm	gram
Grammatik	gramer
Granatapfel	grenadinn
Gras	lerb
grau	gri
Grenze	bor
grillen	fer enn barbecue; griy, griye
Grippe	lagrip
groß	gran
großartig	serye; drese; extra; siper
Größe	tay
Großmutter	granmer; dadi; nani
Großvater	granper; dada; nana

grün	ver
Gruppe	group
gucken	get, gete; trouv, trouve; vwar
Gurke	kokom
gut	korek; bien; bon
Guten Tag!	Bonzour!; Namaste!

H

Haar	seve; sive
Haarband	riban
haben	ena; gagn, gagne
Hafen	por
Hähnchen	poule
Hai	rekin
halal	halaal
Halbestunde	demi-er
Hälfte	lamwatie
Halle	hall; orl
Hals	gorz; lagorz
Halt!	chombo!
halten	tini
Hand	lame
handeln	negosie
Händler(in)	marsan
Handtasche	kaba
Handtuch	serviet
Handy	portab
hängen	pandi
Hase	liev
Haselnuss	nwazet
Hass	laenn
hassen	deteste
hässlich	vilin; rann
Hauptstraße	grann-rout
Haus	lakaz
Haushaltshilfe	bonn
Haut	lapo
heilen	geri
heiß	so
Held	ero
Heldin	eroinn
helfen	ed, ede
Helm	kask
Hemd	semiz; simiz
herauskommen	sorti
Herkunft	orizinn

heruntergehen	desann
Herz	leker
Herzlichen Glückwunsch zum Geburtstag!	Bonnaniverser!
heute	azordi; zordi
heutzutage	zordizour
hier	isi; lamem; la
hier in der Nähe	parla
Hier ist es!	Alalila!; Ala!
Hijab	hijaab
Hilfe	koudme; led
Hilfe!	O-sekour!
Himbeere	franbwaz
Himmel	lesiel
hinabsteigen	desann
hinausgehen	sorti
hineingehen	rant, rantre
hinlegen	alonz, alonze
hinsetzen	plak, plake
hinstellen	poz, poze
hinter	deryer
Hintern	fes
Hirsch	serf
Hobby	obi; pastan
hoch	ot
Hochzeit	maryaz
Hof	lakour
hoffen	esper, esprere
Hoffnung	lespwar
Holz	dibwa
homosexuell	pede; pilon; sis
Honig	dimiel
hören	ekout, ekoute
Hose	pantalon
Hotel	lotel
Huhn	poul
Humor	limour
Hund	lisien
hundert	san
Hunger	fin; lafin
hungrig	fin
Hut	sapo

I

ich	mo
Idee	lide

Igel	tang
Ihr [2.P. Plural]	zot
ihr [possessiv]	so
ihr; sie [3. P. Plural]	zot
illegal	ilegal
immer	touletan
Impfung	vaksin
importieren	inport, inporte
in der Nähe von	koste
in Ordnung bringen	met dan korek
in Richtung	ver
in Sicherheit bringen	sov, sov
Indien	Lenn
indisch	indien
Inder(in)	Indien
indisches Brot	pouri; farata; roti
Industrie	indistri
Ingwer	zinzam
innerhalb	ladan
Insekt	insekt
Insel	lil
Inselbewohner(in)	ilwa
intakt	intak
interessant	interesan
Interesse	lintere
international	internasional
Internet	internet

J

ja	wi
Jackett	palto
Jahr	an; lane
Jahre	banane
Januar	Zanvie
jeden Tag	toulezour
jeder, jede, jedes	sak; sakenn
jemals	zame
jemand	kikenn
Jesus	Zezi
jetzt	aster; aster-la
Job	job
Jockey	zoke
Jogging	joging
Joghurt	yaourt
Jugend	adolesans
Jugendliche(r)	adolesan; zenes
Juli	Zilie; Ziyet

jung	zenn
Junge	garson
junge Frau	mamzel
Juni	Zwin; Zin; Zien

K

Kaffee	kafe
Kakerlake	kankrela
kalt	fre
kalt (~sein) [Wetter]	fer fre
Kamille	kamomiy
Kamm	pengn
kämmen	pengn, pengne
Kaninchen	lapin
Kapitel	sapit
Kappe	kasket
kaputt machen	rwinn, rwine; kase
Karamell	karamel
Karotte	karot
Karte	kart
Käse	fromaz
Kasse	lakes
Kaste	nasion
Katze	sat
kaufen	aste
kein, keine	okenn
Keine Ursache!	Padkwa!
Keks	biskwi
Keller	lakav
Kellner	waiter
kennen	konn, kone
Kennzeichen	imatrikilasion
Ketchup	sostomat
Kette	kolie
Kind	zanfan
Kinderkrippe	gardri
Kino	sinema
Kirche	legliz
Kirsche	seriz
Kiste	bwat
klauen	kokin; koken; vol, vole (Rodr.)
Klebstoff	lakol
Kleidung	linz
klein	ti; tipti
Kleinbus	vann
klettern	grinp, grinpe

klingeln	son, sone
klopfen	tap, tape
Knie	zenou
Knochen	lezo
kochen	kwizine
Koffer	valiz
Kofferraum	kof
Kohl	lisou
Kohle	sarbon
Kokosnuss	koko
Kokospalme	kokotie
Kollege; Kollegin	koleg
kommen	vinn, vini
komplett	net
Kompliment	konpliman
Konditor(in)	patisie
Konditorei	patisri
Kondom	kapot
Konfitüre	jam
König	lerwa
Königin	larenn
können	kapav; ka'v
Kontrolleur(in)	chek
kontrollieren	kontrol, kontrole; chek, cheke
Konzert	konser
Kopf	latet
Kopfkissen	lorye
Kopfsalat	leti
Kopftuch	hijaab
Kopie	kopi
kopieren	kopie
Koriander	kotomili
Korken	bouson
Korkenzieher	tir-bouson
Körper	lekor
Kosten	fre
Krabbe	krab, krap
Krach	tapaz
Kracher	petar
Kraft	lafors
krank	malad
Krankenhaus	lopital
Krankenschwester	infirmie
Krankheit	maladi
kratzen	grat, grate
Kraut	lerb
Krawatte	kravat
Kreisverkehr	ronpwin
kreolisch	kreol

Kreol	**Kreol**
Kreole; Kreolin	**Kreol**
Kreuz	**lakrwa**
Krieg	**lager**
Kritik	**kritik**
kritisieren	**kritik, kritike**
Kronkorken	**kapsil**
Kruste	**lakrout**
Kuchen	**gato**
Kuh	**vas**
kühl	**fre**
Kühlschrank	**frizider**
Kultur	**kiltir**
Kulturerbe	**patrimwann**
Kummer	**lapenn**
kümmern	**okip, okipe**
Kumpel	**larme**
Kunde; Kundin	**kliyan**
Kürbis	**kalbas; ziromon**
Kurve	**viraz**
Kuss	**bizou**
küssen	**anbras, anbrase**
Küste	**lakot**
Küstenwache	**kosgard**

L

lächeln	**sourir**
lachen	**riy, riye**
Lachs	**somon**
Lagune	**lagon**
Lampe	**lalamp; lalimier**
Land	**pei**
ländlich	**riral**
Landschaft	**peizaz**
Landwirtschaft	**agrikiltir**
Länge	**longer**
langsam	**dousman**
langweilen	**fatig, fatige**
lassen	**les, lese**
Lastwagen; LKW	**kamion**
Lauch	**pwaro**
laufend	**pennding**
leben	**viv; exist, existe**
Leben	**lavi**
lecken	**sous, souse**
lediglich	**nek; selman; sel; zis**
legen	**met, mete**

Lehrer(in)	**profeser**
leichtsinnig	**inpridan**
Leid	**lapenn**
leiden	**soufer**
Leidenschaft	**pasion**
lernen	**aprann**
lesen	**lir**
Leuchtturm	**far**
Leute	**bann dimounn**
Libelle	**bebet elikopter**
Licht	**lalimier**
Liebe	**lamour**
lieben	**kontan**
liebenswert	**adorab**
Liebling	**gate**
Lied	**sante; dis; sega**
lila	**viole**
Limette	**limon**
links	**agos; gos**
Linse	**lanti**
Lippe	**lalev**
Lippenstift	**dirouz**
Liter	**lit**
Litschi	**letsi**
Loch	**trou**
Löwe	**lion**
Luft	**ler**
Lüge	**mansonz**
lügen	**manti**
Lust	**lanvi**

M

machbar	**fezab**
machen	**fer**
Mädchen	**tifi**
Magazin	**magazinn**
Magen	**lestoma**
Mai	**Me**
Make-up	**diroz**
malen	**desinn, desine; penn**
Mama	**mama**
manchmal	**parfwa**
Mango	**mang**
Mann	**lom; zom; boug**
männlich	**mal**
Mannschaft	**lekip**
markieren	**tras, trase**

Markt	bazar
Marmelade	marmelad
März	Mars
Matratze	matla
Mauritierin	Morisienn
Mauritier	Morisien
mauritisch	morisien
Mauritius	Moris
Maus	souri
Mayonnaise	mayonez
meckern	pleng, plegne
Medikament	medikaman
Meer	lamer
Mehl	lafarinn
mehr	plis
mehr	
(für Komparativ)	pli
Melone	melon
Menge	kantite
Mensch	imin
menschlich	imin
Messe; Gottesdienst	lames
mich, mir	mwa
mies	pouri
mieten	lwe
Mieter(in)	lokater
Mikrowelle	mikro-ond
Milch	dile
Minute	minit
Mischling	metis
missbrauchen	abiz, abize
mit	avek; ar; ek
mitbringen	amenn, amene
Mitleid	pitie
mitnehmen	amenn, amene
Mittagessen	dezene
mittagessen	dezenn, dezene
Mitternacht	minwi
Mittwoch	Merkredi
Möbel	meb
möchten	oule; le; anvi
mögen	kontan
möglich	posib
Möglichkeit	posibilite
Möhre	karot
Mond	lalinn
Montag	Lindi
morgen	demin; dime
Morgen	gramatin
Motorrad	patpatwa

Motte	lay
Mücke	moustik
müde	fatige
Müdigkeit	lafatig; somey
Müll	salte
Mülleimer	poubel
Mund	labous
Muschel	kokiaz
Musik	lamizik
müssen	bizin
Mutter	mama

N

nach	apre
Nachbar(in)	vwazin, vwazinn
nachdenken	reflesi; mazinn, mazine
Nachmittag	tanto
Nachricht	mesaz
Nachrichten	niouz (news)
nächste(r,s)	lot; prosin, prosenn
Nacht	lanwit
Nachtisch	deser
Nacken	likou
nackt	touni
nah(e)	pros
näher kommen	koste
Nahrung	nouritir
Name	nom
Nase	nene
Nation	nasion
Nationalität	nasionalite
Natur	lanatir; natir
neben	koste
nehmen	pran
nein	non; nay
nerven	agas, agase; enerv, enerve
nervös	nerve
nett	zanti; sinpa
neu	nouvo
Neuigkeiten	niouz (news)
Neujahr	banane
neun	nef
neunzehn	disnef
nicht	napa; pa
nicht bestehen	eswe
nicht mehr	nepli

nichts	nanye
niemals	zame
niemand	personn
noch	ankor
noch nicht	pankor
Norden	lenor
November	Novam
Nudel	minn
null	zero
Nummer	nimero
nun	aster; aster-la
nur	sel; selman; nek; zis
nützlich (sein)	servi; itil

O

oben	lao
oberhalb von	lor
Oberschenkel	lakwis
Objekt	obze
obligatorisch	obligatwar
oder	ou; oubien; ouswa
offen; öffnen	ouver
ohje	ayo
ohne	san
Ohr	zorey
Ohrfeige geben	donn enn klak
Ohrring	joumka
okay	dakor; oke; rayt
Oktober	Oktob
Öl	delwil
Oma	granmer; dadi; nani
Onkel	tonton
Opa	granper; papi; nana; dada
operieren	oper, opere
Orange; orange	zoranz; oranz
original	orizinal
Ort	plas
Osten	les
Ostern	pak
Österreich	Lotris
österreichisch	otrisien
Österreicher(in)	Otrisien
Ozean	losean

P

paddeln	ram, rame; pagaye
Paket	pake
Palme	palmie
Panne haben	anpann
Papa	papa
Papaya	papay
Papier	papie
Paprika	pwavron
Paradies	paradi
Parfum	parfin
parken	gar, gare; park, parke
Parkplatz	parking
Partei	parti
Partner	kopin; boyfrenn
Partnerin	trannsink; girlfrenn; kopinn
Party	tamtam; fet; jalsa; lafaya
Passagier	pasaze
passieren	pas, pase
Passionsfrucht	fridlapasion
Pastor	paster
Pause	brek; poz
Pech	malsans; ginion; soy
perfekt	parfe
Person	dimounn
Petersilie	persi
Pfeffer	dipwav
pfeifen	sifle
Pferd	seval
Pflanze	plant
Pflaster	elastoplas
Pflaume	prinn
pflücken	kas, kase
Pfote	lapat
Pfund	laliv; liv
picknicken	piknike
Pilger(in)	pelrin; haji
Pizza	pitza
Platz	plas
Plüschtier	pelis
Polizei	lapolis
Polizeiwache	stasion
Pommes	chips
Pool	pisinn
Portmonnaie	portfey; portmone
Post	lapos

Postbote; Postbotin	fakter
Poster	lafis
Postkarte	kartpostal; poskart
Präsident	prezidan
Preis	pri
Preisnachlass	diskawnt
Presse	lapres
prima	serye; drese; extra; siper
privat	prive
probieren	sey, seye
probieren [Essen]	gout, goute
Problem	problem
Prost!	Chin-chin!
Pudding	poudinn
Pullover	palto; triko
Puppe	poupet
putzen	netway, netwaye

Q

Qualle	mediz
Quatsch	ninport

R

Radiergummi	gom
Radio	radio
rasieren	raz, raze
Ratschlag	konsey
Ratte	lera
Rauch	lafime
rauchen	fime
rechnen	kalkil, kalkile
Rechnung	adision; ladision; bil
Recht	drwa
rechts	adrwat
Regen	lapli
Regenjacke	kawe
Regenschirm	parapli
Region	rezion
reich; Reiche(r)	ris
Reis	diri; douri
Reise	larout; vwayaz
Reisebüro	(l)azans vwayaz
reisen	vwayaz, vwayaze
Reisepass	paspor
Religion	relizion

religiös	relizie
rennen	galoup, galoupe
Rente; Rentner(in)	retrete
reparieren	repar, repare
Republik	repiblik
reservieren	book
Respekt	respe
respektlos	insolan
Restaurant	bar; restoran
Rettungsweste	zile-softaz
Rezept [Arzt]	ordonans
Rezept [Küche]	reset
Rezeption	resepsion
Rezeptionist(in)	resepsionis
richtig	korek; vre
Richtung	direksion
Riff	brizan; resif
Rind	bef
Ring	bag
robust	kosto
Rock	zip
Rodrigues	Rodrig
roh	kri
Roller	skouter
romantisch	romantik
Röntgenbild	x-ray
rosa	roz
Rose	roz
Rosmarin	romarin
rot	rouz
Rote Beete	betrav
Rücken	ledo
rudern	ram, rame; pagaye
rufen	kriy, kriye
Ruhe	silans
ruhig	kalm; trankil
ruinieren	rwinn, rwine
Rum	rom
rundherum	otour
runtergehen	desann
Rupie	roupi
rutschen	say, saye
rutschfest	antiderapan

S

Sache	soz; zafer; obze
Saft	zi

sagen	dir	Schloss [Burg]	sato
Salat	salad	Schlüssel	lakle
Salatschüssel	saladie	schmeißen	zet, zete
Salz	disel	Schmerz	dimal; douler
Samstag	Samdi	Schmerzmittel	kalman
Sand	lasab	Schmetterling	papiyon
Sänger	santer	Schmuck	bizou
Sängerin	santez	Schmutz	salte
Satz	fraz	schmutzig	malprop; sal; sali;
sauber	prop		malang
sauer	eg	Schnecke	kourpa
schade	domaz	Schneckenhaus	koki
Schaf	mouton	Schnee	lanez
schaffen	pas, pase; resi	schneiden	koup, koupe
Schaffner(in)	kontroler	schnell	vit; vit-vit; rapid
Schal	kaskol; lesarp	schnorcheln	plonz, plonze
Schale	bol	Schokolade	sokola
Scham	laont	schon	deza
schämen (sich~)	anbaras, anbarase; onte	schön	zoli
scharf	pikant	schrecklich	orib
Schatten	lonbraz	schreiben	ekrir
Schatz	tresor	Schreibtisch	biro
Schatz [Kosewort]	gate	schreien	kriy, kriye
Scheibe [Essen]	trans	schüchtern	timid
scheinbar	sanse	Schuh	soulie
scheinen	paret	Schule	lekol
scheinen [leuchten]	briye	Schulter	zepol
schenken	ofer	schützen	protez
schicken	avoy	schwach	feb
Schicksal	takdil	schwanger	ansint
schieben	pous, pouse	schwarz	nwar
Schildkröte	torti	schwebend	pennding
Schimpfwort	zoure	schweigen	res trankil
Schinken	zanbon	Schwein	koson
Schlaf	somey	Schweinefleisch	pork
schlafen	dormi	Schwester	ser
schlafen gehen	plonz, plonze	schwierig	difisil; dir
schlagen	bat, bate	Schwierigkeit	difikilte
Schlamm	labou	Schwimmbad	pisinn
Schlange		schwimmen	naz, naze
[schlangestehen]	lafil	schwören	zour, zoure
Schlange [Tier]	koulev; serpan	schwul	pede; pilon; sis
schlecht	move	sechs	sis
schlecht		sechzehn	sez
werden/sein	pouri	See	lak
schlechte Qualität	fay	Seeigel	oursin
Schleier	hijaab	sehen	get, gete; trouv, trouve;
schließen	ferm, ferme		vwar
schlimm	grav	sehr	mari; bien; extra

Seife	savon
sein [possessiv]	so
sein [Verb]	ete
seit	depi
Seite	paz
Selbstachtung	lamour-prop
selbstverständlich	evidaman
selten	rar
senden	avoy
Sender	senn
Senf	lamoutard
September	Septam
setzen	asiz, asize; met, mete
sicher	sir
Sicht	vi
Sie [2. P. Plural]	ou
sie [3. P. Plural]	zot; bann-la
sie [3. P. Singular]	li
Sieb	paste
sieben	set
siebzehn	diset
singen	sant, sante
single	selibater
sinomauritianisch	sinwa
sitzen	plak, plake; asiz, asize
Sklave; Sklavin	esklav
Sklaverei	esklavaz
Snack	gajak
Socke	soset
Sofa	kanape
Sohn	garson
Sommer	lete
Sonne	soley
Sonnenschirm	parasol
Sonntag	Dimans
sonst	otreman
Sorge	traka
sorgen	trouble
sozusagen	koumadir; wadir, wadire
sparen	ramas kas
Spaß	blag; jok
spät	tar
später	plitar
spazieren gehen	chak, chake
Spaziergang	balad
Speise	pla
Spende	don
Spiegel	laglas
Spiel [Spielzeug]	zwe; zouzou
spielen	zwe

spielen [Instrument]	bat, bate; zwe
Spinat	zepinar
Spinne	larenie
Spitze	pwint
Sport	spor
Sprache	langaz; lalang; lang
Sprachführer	gid
sprechen	koz, koze; parl, parle
springen	sot, sote
Spritze	sereng
spucken	kras, krase
Stadion	stad
Stadt	lavil
stark	for; kosto
stärken	fortifie
Stau	jam
Staubsauger	aspirater
Steckdose	pleg; priz
stehlen	kokin; koken; vol, vole *(Rodr.)*
Stein	pier; ros
stellen	met, mete
sterben	trouv lamor
Stern	zetwal
Sternfrucht	karanbol
Sternschnuppe	zetwal-filant
steuern	kondir, kondire
Stimme	lavwa
Stimmung [Feier]	nisa
Stimmung verderben	kas konte
Stimmung; Laune	limer
Stimmungsmacher	tcholo
stinkend	pi
Stolz	fierte
stolz sein	fier
Stop!	chombo
stören	deranz, deranze
Strafe	kontravansion
Strand	laplaz
Straße	larout; sime; semin; lari
Streik	lagrev
Streit	diskision; lager
streiten	diskit, diskite; lager
Stress	stres
stressig	strese
Strom	kouran
Strömung	kouran
Student(in)	etidian
Stufe	lamars
Stuhl	sez

Stunde	lertan
suchen	rod, rode; sers, serse
Süden	sid
Summe	adision
sündigen	fer pese
Super!	Drese!, Top!
Supermarkt	sipermarse
süß	sikre; dou
Süßigkeit	sikreri
süß-sauer	eg-dou
sympathisch	sinpa
Szene	senn

T

Tabakladen	tabazi
Tablette	pilil
Tag	zour; lizour
Tag	
[in seinem Verlauf]	zourne; lazourne
tagsüber	lazourne
Tamarindenfrucht	tamarin
Tankstelle	filing
Tanne	sapin
Tante	matant; tantinn
Tanz	dans
tanzen	dans, danse
Tasche	sak
Taschendieb	pikerpoket
Taschenmesser	kanif
Tasse	tas
Tastatur	klavie
Tätowierung	tatwaz
tatsächlich	vremem; vreman
tauchen	plonz, plonze
tausend	mil
Tausendfüßler	sanmil
Taxi	taxi
Tee	dite
teilen	partaz, partaze
teilnehmen	partisip, partisipe
Teilnehmer(in)	partisipan
Telefon	telefonn
telefonieren	telefonn, telefone
Teller	lasiet
Teppich	tapi
Termin	randevou
Termite	bebet dibwa

Tesafilm	latreskolant
teuer	ser
Teufel	diab
Theater	teat
Thunfisch	ton
Ticket	tiket
Tier	zanimo
Tintenfisch	ourit
Tipp	konsey
Tisch	latab
Toastbrot	toast
Tochter	tifi
Toilette	kabine; twalet
Toleranz	tolerans
toll	serye; drese; extra; siper
Tomate	pomdamour; tomat
Topf	kasrol
Tor	laport
Tor [Sport]	gorl
tot	mor
töten	touy, touye
totlachen (sich~)	kas enn riye
Tourist(in)	touris
Training	treining
Traum	rev
träumen	rev, reve
traurig	tris; sagrin
Traurigkeit	sagrin
Treffen	rankont
treffen	rankontre; zwenn
Treppe	leskalie
treu	fidel
Treue	fidelite
trinken	bwar
Trinkgeld	tips
trocken	sek
trocknen	met sek
Trommel	tanbour
Truthahn	denn
Tschüss	Salam!
T-Shirt	triko
tun (hin~)	met, mete
Tür	laport
Typ	boug

U

über	lor

überall	partou
übergeben	rann, rande
übergeben (sich~)	vomi
überprüfen	chek, cheke
übersetzen	tradir
Übersetzer(in)	interpret
übertreiben	exazer, exazere
überwachen	vey, veye
Uhrzeit	ler
um	pou
um...herum	otour
umbringen	touy, touye
umdrehen	ranvers, ranverse; vir, vire; savire
umherstreifen; umherstreunen	vir-vire
Umschlag	anvlop
Unabhängigkeit	lindepandans
unangenehm	rann
unbequem	inkonfortab
und	e; ek; ar; avek
unehrlich	vilin
unerzogen	sovaz
Unfall	aksidan
unfreundlich	inpoli
ungerecht	inzis
Unglück	soy
Uniform	iniform
Universität	liniversite
unmöglich	inposib
unordentlich	andezord
Unruhe	tapaz
unschuldig	inosan
Unsinn	ninport
unten	anba
unter	sou
Unterhaltung	konversasion
Unterhemd	debarder
Unterhose [Frauen]	kilot
Unterkunft	eberzman
Unterschrift	signatir
Unterwäsche	linzri
unverantwortlich	iresponsab
unversehrt	intak
unvorsichtig	inpridan
Unwetter	loraz
Urin	lirinn
Urlaub	vakans

V

Van	vann
Vanille	lavani
Vater	papa
väterlich	paternel
Vegetarier(in), vegetarisch	vezetaryin
verändern	sanz, sanze
verantwortlich sein	okip, okipe
verantwortungslos	iresponsab
verbessern	amelior, ameliore
verbinden	zwenn
verboten	interdi
verbrennen	brile
Verbrennung	brile
verderben	gat, gate; pouri
verdienen	gagn, gagne
verehren	ador, adore
verfügbar	disponib
Vergangenheit	pase
vergessen	bliye
vergewaltigen	abiz, abize
Vergiftung	intoksikasion
vergleichen	opoz, opoze
Vergnügung	distraksion
verkaufen	vann, vande
verkehrtherum	anba-lao
Verlangen	yenn
verlaufen	egar, egare
verlegen	egar, egare
verletzt	bles, blese
Verletzung	blesir
verliebt sein	amoure
verlieren	perdi
verloren	perdi
Vermietung	lokasion
vermuten	dout, doute
verpassen	rat, rate
verpflichtend	obligatwar
verrückt	fol; pagla, pagli
Verrücktheit	foli
verschwenden	gaspiy, gaspiye
Verschwendung	gaspiyaz
verschwinden	disparet
verspäten	anretar
Verspätung	retar
Versprechen	promes

versprechen	promet	Wassermelone	melondo
versuchen	sey, seye	wasserundurchlässig	inpermeab
verwöhnen	gat, gate	Weg	semin; sime
viel, viele	bokou; boukou; bien	Wegbeschreibung	itinerer
vielleicht	kapav; kitfwa	wehtun	fermal
vier	kat	Weihnachten	nwel
vierzehn	katorz	Weihnachtsbaum	sapin pou nwel
violett	viole	weil	parski; akoz
Virus	viris	Wein	divin
Vogel	zwazo; zozo	weinen	plor, plore
voilà	ala	Weintraube	rezin
Volk	pep	weiß	blan
voll	plin	weit	lwin
völlig	net	welche;	
vollständig	konplet	welcher; welches	ki
von	pou	Wellblech	tol
vor	devan; divan	Welle	vag
vorbeigehen	pas, pase	Wellensittich	peris
vorbereiten	prepar, prepare	wenig	inpe
Vorhang	rido	weniger	mwin...ki; mwins
Vorhängeschloss	kadna	wenigstens	touzour
Vorsicht	tansion	wenn	si
vorstellen	mazinn, mazine	wer	kisann-la
Vorteil	avantaz, lavantaz	werden	vinn, vini; gagn, gagne
		werfen	zet, zete
		wert sein	vo
		Wespe	mous zonn
		Westen	lwes

W

		Wette	pari
		Wetter	letan
wachsen	grandi	Wettervorhersage	meteo
Waffe	zarm	wichtig	inportan
wagen	oz, oze	wie	kouma
wählen	vot, vote	wie viel; wie viele	komie
wahr	vre	wiedergeben	retourn, retourne;
während	pandan		rann, rande
Wahrheit	verite	wiederholen	repet, repete
Wal	labalenn	wiederkommen	retourn, retourne
Wald	bwa; lafore	wieso	kifer; akoz *(Rodr.)*
wandern	fer enn randone	wild	sovaz
Wanderung	randone	Wind	divan
warm	so	Winter	liver
warnen	warning	wir	nou
warten	atann	Wirbel machen	fer enn senn
warum	kifer; akoz (Rodr.)	wirklich	vremem; vreman
was	ki	wissen	konn, kone
waschen	lav, lave	Witz	blag; jok
Wasser	dilo	wo	kot
Wasserbecken	basin	Woche	semenn
Wasserfall	kaskad		
Wasserhahn	robine		

Wochenende	**wikenn**
wohnen	**abit, abite; res, reste**
Wohnsitz	**rezidans**
Wohnzimmer	**salon**
Wolf	**loulou**
Wolke	**niaz**
Wolle	**lalenn**
wollen	**oule; le**
Wort	**mo**
Wörterbuch	**diksioner**
Wunde	**ple**
Wunsch	**dezir**
wünschen	**swet, swete**
Würfel	**dat**
Wurm	**lever**
Wurst	**sosis**
würzig	**epise**

Z

zahlen	**pey, peye**
Zahn	**ledan**
Zebrastreifen	**krosir**
Zeh	**ortey**
zehn	**dis**
zeichnen	**tras, trase; desinn, desine**
zeigen	**signal, signale; fer vwar**
Zeit	**letan**
Zeitung	**zournal**
Zeitvertreib	**obi; pastan**
Zelt	**latant**
Zentimeter	**santimet**
Zentrum	**sant**
zerbrechen	**kas, kase**
zerbrechlich	**frazil**
zerdrücken	**kraz, kraze**
zerstören	**kas, kase; kraz, kraze, rwinn, rwine**
Zeuge werden von	**witnes**
Ziege	**kabri**
ziehen	**tir, tire**
Ziel	**destinasion**
Zigarette	**sigaret**
Zimt	**kanel**
Zitrone	**sitron**
Zoll	**ladwann**
zoomen, Zoom	**zoum**
zu Hause	**lakaz; home**

zu spät sein	**anretar**
Zucchini	**kourzet**
Zucker	**disik**
zuerst	**dabor**
Zufall	**azar**
Zuhause	**lamezon**
zunehmen	**pran**
Zunge	**lalang**
zurechtkommen	**tras, trase**
zurückgeben	**rann, rande**
zurückrufen	**reapel, reapele**
zusammen	**ansam**
zu viel	**tro; tro bokou**
zwanzig	**vin**
zwar	**wi be**
zwei	**de**
zweifeln	**dout, doute**
Zweite(r,s)	**segon**
Zwiebel	**zwayon**
Zwillinge (männlich)	**zimo**
Zwillinge (weiblich)	**zimel**
zwingen	**fors, forse**
zwölf	**douz**
Zyklon	**siklonn**

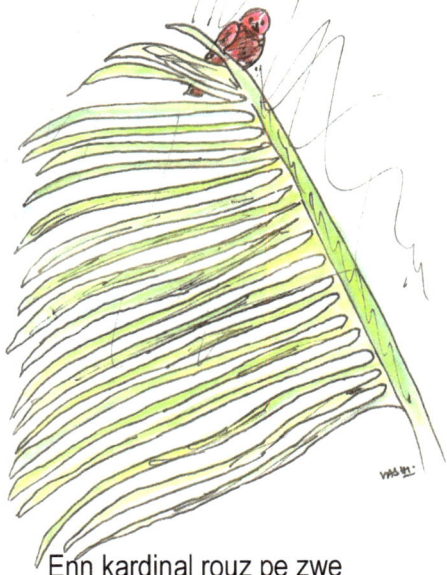

Enn kardinal rouz pe zwe
kouk kasiet dan enn pie badamie

Eine Roter Kardinal spielt in einem
Badamier-Zweig Verstecken